あの企業の儲ける力が
ゼロからわかる!

# 決算書の読み方
## 見るだけ
## ノート

監修
小宮一慶
Kazuyoshi Komiya


JN017933

宝島社

あの企業の儲ける力が
ゼロからわかる！

# 決算書の読み方
# 見るだけ
# ノート

監修

小宮一慶
Kazuyoshi Komiya

宝島社

# 「決算書」が読めれば
# 会社の"儲けの仕組み"も
# ビジネスモデルもわかる

　ビジネスパーソンならもちろん、そうでなくても「決算書」という言葉を耳にしたことはあるでしょう。「会計学でしょ？」と身構えてしまう人もいるかもしれませんが、実は決算書を読むことはそんなに難しくありません。ルールとコツさえ覚えれば、だれでも読めるようになります。

　インターネットで何でも調べられるようになった現代、それでも本書を手に取っていただいた方は、会社の経営を担う立場になる方、どの企業に投資するべきか悩んでいる投資家など、おそらく「決算書の読み方」だけでなく、「その数字が意味すること」を知りたい方でしょう。

　本書はそんな方々に、「決算書」と総じて呼ばれる基本の「財務3表（貸借対照表・損益計算書・キャッシュフロー計算書）」の読み方から、財務指標や企業の収益構造を読み解く方法などを解説していきます。

　収益性、生産性、安全性、成長性など、企業の経済活動を理解し、判断する力を身につけることで、それぞれの立場で選ぶべき道を見いだすことができるようになるでしょう。

　ただし、そうやって決算書を読めるようになった後に注意してほしいことがあります。それは決算書および決算書の解説をひと通り読んだところで、すべてを理解した気にならないこと。企業によって原価をどの項目に計上しているかなどは異なるからです。それを正しく理解せずに間違った認識を持ってしまうと、思わぬ判断ミスをしてしまう可能性があります。読めるようになったからと油断しないようにしてください。本書で解説した企業の決算書をはじめ、財務諸表をたくさん読みこんでいけば、おのずと決算書を読む力が身についていくでしょう。また、企業の決算書を読むときは、決算書だけでなく、各社が用意する決算概要にも目を通すとより多くの情報を入手することができます。

　最後に、本書が「決算書」を読めるようになりたい方の、それぞれの目的を達成するために役立つことを、心から願っています。

小宮一慶

あの企業の儲ける力が
ゼロからわかる！

# 決算書の読み方
## 見るだけノート
### Contents

## Chapter1
# 決算書の
# 仕組みのキホン

--------------------------------

column1 ━━━━━━━━━━

## Chapter2
# 財務3表の
# 読み方のキホン

--------------------------------

column2

## Chapter3
# 財務指標から
# "儲けの仕組み" が
# わかる

-------------------------

# Chapter4
# 成長企業の
# 決算書を見てみよう

## Chapter5
# 海外のメガテック企業
# の決算書を見てみよう

# Chapter6
## 同業他社との比較から
## 経営戦略を読み解こう
-----------------------------

# Chapter7

# 赤字企業の
# 「失敗の原因」を
# 分析してみよう

--------------------------

※本書に掲載の情報は 2020 年7月時点での各社決算情報を参照しています。

# 貸借対照表でわかること

決算書を構成する3つの表のうちの1つ「貸借対照表」から読み取れることとは？

**ひとこと解説**

貸借対照表は**「会社の財産」**（左側）と**「その財産の元手」**（右側）を表し、資産と負債のバランスで経営状態を読み解ける。

**Point 1**

## 「資産の部」は会社の財産

在庫商品や預金などの「流動資産」と、製品を生産する工場や店舗などの「固定資産」に分類される。

| | 前連結会計年度 | 当連結会計年度 |
|---|---|---|
| 資産の部 | | |
| 流動資産 | | |
| 現金及び預金 | 102,345 | 159,190 |
| 受取手形及び売掛金 | 24,818 | 27,880 |
| 商品及び製品 | 59,184 | 61,203 |
| 仕掛品 | 153 | 182 |
| 原材料及び貯蔵品 | 3,570 | 4,127 |
| その他 | 20,969 | 11,010 |
| 貸倒引当金 | － | △ 4 |
| 流動資産合計 | 211,042 | 263,589 |
| 固定資産 | | |
| 有形固定資産 | | |
| 建物及び構築物 | 210,723 | 215,908 |
| 減価償却累計額 | △ 94,855 | △ 104,359 |
| 建物及び構築物（純額） | 115,868 | 111,548 |
| 機械装置及び運搬具 | 12,435 | 13,511 |
| 減価償却累計額 | △ 8,746 | △ 9,798 |
| 機械装置及び運搬具（純額） | 3,689 | 3,713 |
| 工具、器具及び備品 | 17,489 | 19,686 |
| 減価償却累計額 | △ 9,446 | △ 10,615 |
| 工具、器具及び備品（純額） | 8,042 | 9,071 |
| 土地 | 171,342 | 173,010 |
| リース資産 | 3,697 | 3,776 |
| 減価償却累計額 | △ 1,554 | △ 1,752 |
| リース資産（純額） | 2,143 | 2,023 |
| 使用権資産 | － | 5,742 |
| 減価償却累計額 | － | △ 1,212 |
| 使用権資産（純額） | － | 4,529 |
| 建設仮勘定 | 955 | 3,489 |
| 有形固定資産合計 | 302,041 | 307,387 |
| 無形固定資産 | 18,857 | 24,599 |
| 投資その他の資産 | 87,344 | 87,670 |
| 固定資産合計 | 408,244 | 419,657 |
| 資産合計 | 619,286 | 683,247 |

※一部省略あり

詳しくはP42〜47へ

出典：株式会社ニトリホールディングス（2020年2月期決算短信）

## Point 2 「負債の部」は返済義務のある資本

銀行から借りたお金など、手元に資本としてあるものの、いつか返済しなくてはいけないお金のこと。

## Point 3 「純資産の部」は返済義務のない資本

株主からの出資や、自らの事業で出した利益など、返済する義務なく使えるお金のこと。

（単位：百万円）

| 負債の部 | | 前連結会計年度 | 当連結会計年度 |
|---|---|---|---|
| 流動負債 | | | |
| 支払手形及び買掛 | 金 | 20,956 | 19,774 |
| 短期借入金 | | 2,639 | 2,787 |
| リース債務 | | 187 | 1,554 |
| 未払金 | | 23,752 | 22,923 |
| 未払法人税等 | | 19,472 | 20,224 |
| その他 | | 21,444 | 23,420 |
| 流動負債合計 | | 95,016 | 97,063 |
| 固定負債 | | | |
| 長期借入金 | | 6,028 | 4,000 |
| リース債務 | | 1,956 | 6,714 |
| 役員退職慰労引当金 | | 228 | 228 |
| 退職給付に係る負債 | | 3,202 | 1,343 |
| 資産除去債務 | | 5,365 | 5,673 |
| その他 | | 7,296 | 7,361 |
| 固定負債合計 | | 24,078 | 25,322 |
| 負債合計 | | 119,094 | 122,385 |
| 純資産の部 | | | |
| 株主資本 | | | |
| 資本金 | | 13,370 | 13,370 |
| 資本剰余金 | | 19,841 | 25,074 |
| 利益剰余金 | | 472,755 | 532,471 |
| 自己株式 | | △ 7,727 | △ 10,875 |
| 株主資本合計 | | 498,240 | 560,042 |
| その他の包括利益累計額 | | | |
| その他有価証券評価差額金 | | 947 | 750 |
| 為替換算調整勘定 | | 901 | 161 |
| 退職給付に係る調整累計額 | | △ 367 | △ 382 |
| その他の包括利益累計額合計 | | 1,481 | 529 |
| 新株予約権 | | 470 | 289 |
| 純資産合計 | | 500,192 | 560,861 |
| 負債純資産合計 | | 619,286 | 683,247 |

## Point 5 上から「現金化しやすい」順番に並ぶ

項目を並べる順番は、上にいくほど現金化しやすく、下にいくほど現金化しにくいものになっている。

## Point 4 左側と右側の合計は同じになる

会社が調達したお金（右側）は、必ず使い道（左側）を示さなければいけないため、左右の合計は等しくならなければいけない。

# 損益計算書で
## わかること

財務3表のひとつである損益計算書には、5つの利益が示されている。

---

**ひとこと解説**

一番上に記されている売上高から、下に向かって費用を差し引いていくことで、最終的に **「会社が1年間で得た利益」** が読みとれる。

---

### Point 1　キホンは「上から下へ」

上にある金額順に費用を引いたり収益を足したりしていくことで、段階的に5つの利益を記載する。

### Point 2　細分化することで原因がわかりやすい

利益や費用、損失などの収支を細分化することで、業績が好調・不調になった時、前期と比べてどこが違うのかということが分析しやすい。

**利益 ❶** 売上総利益（粗利）＝売上高ー売上原価

**利益 ❷** 営業利益＝売上総利益ー販売費及びー般管理費（販管費）

**利益 ❸** 経常利益＝営業利益＋営業外収益ー営業外費用

**利益 ❹** 税引前当期純利益＝経常利益＋特別利益ー特別損失

**利益 ❺** 当期純利益
　　　　＝税金等調整前当期純利益ー法人税・住民税など

詳しくはP48〜55へ

（単位：百万円）

| | 前連結<br>会計年度 | 当連結<br>会計年度 | |
|---|---|---|---|
| 売上高 | 608,131 | 642,273 | |
| 売上原価 | 276,709 | **287,909** | ← Point 1 |
| **利益❶ → 売上総利益** | **331,421** | **354,364** | |
| 販売費及び一般管理費 | 230,642 | 246,886 | |
| **利益❷ → 営業利益** | **100,779** | **107,478** | |
| 営業外収益 | | | |
| 受取利息 | 481 | 522 | |
| 受取配当金 | 37 | 36 | |
| 為替差益 | 95 | ― | |
| 自動販売機収入 | 246 | 247 | |
| 有価物売却益 | 390 | 374 | |
| 持分法による投資利益 | 511 | 588 | |
| その他 | 797 | 706 | |
| 営業外収益合計 | 2,561 | 2,476 | |
| 営業外費用 | | | |
| 支払利息 | 101 | 283 | |
| 為替差損 | ― | **24** | ← Point 2 |
| その他 | 185 | 124 | |
| 営業外費用合計 | 286 | 432 | |
| **利益❸ → 経常利益** | **103,053** | **109,522** | |
| 特別利益 | 102 | 626 | |
| 特別損失 | 2,665 | 5,078 | |
| **利益❹ → 税金等調整前当期純利益** | **100,490** | **105,069** | |
| 法人税、住民税及び事業税 | 33,813 | 34,979 | |
| 法人税等調整額 | △ 1,504 | △ 1,304 | |
| 法人税等合計 | 32,309 | 33,674 | |
| **利益❺ → 当期純利益** | **68,180** | **71,395** | |
| 親会社株主に帰属する当期純利益 | 68,180 | 71,395 | |

※一部省略あり

出典：株式会社ニトリホールディングス（2020年2月期決算短信）

# キャッシュ・フロー計算書でわかること

財務3表の1つであるキャッシュ・フロー計算書で現金の出入りがわかる。

---

**ひとこと解説**

キャッシュ・フロー計算書は、会計期間内のお金の流れや増減の理由を示す財務諸表。決算の期首にいくらの現金があって、期末にいくら残っているかがわかる。

---

**Point 1**

## 営業キャッシュ・フローは事業によるお金の動き

会社の事業活動でしっかり現金を生み出すことができたかどうかがわかる。キャッシュ・フローの中でも一番大事な部分。

**Point 2**

## 投資キャッシュ・フローは投資によるお金の動き

固定資産や有価証券の取得や売却などの投資活動による現金の出入りがわかる。投資は一般的にお金の流失なので、マイナスとなる。

**Point 3**

## 財務キャッシュ・フローは借り入れや返済によるお金の動き

銀行などの金融機関からお金の借入や返済、株式や社債の発行による現金の出入りがわかる。マイナスなほど現金が潤沢なことを示す。

**Point 4**

## 3つのキャッシュ・フローを合計して現金残高を確認

3つのキャッシュ・フローで当期の現金の増減を出した後、期首時点での現金残高と合わせることで、最終的に期末の現金残高が出る。

詳しくはP56〜61へ

（単位：百万円）

| | 前連結<br>会計年度 | 当連結<br>会計年度 |
|---|---|---|
| **営業活動によるキャッシュ・フロー** | | |
| 税金等調整前当期純利益 | 100,490 | 105,069 |
| 減価償却費 | 14,218 | 16,561 |
| 減損損失 | 653 | 4,090 |
| 未払消費税等の増減額（△は減少） | 509 | 1,011 |
| その他 | 5,933 | 1,573 |
| 小計 | 111,892 | 119,615 |
| 利息及び配当金の受取額 | 569 | 1,214 |
| 利息の支払額 | △ 98 | △ 280 |
| 違約金の受取額 | － | 307 |
| 退店違約金等の支払額 | △ 48 | △ 286 |
| 法人税等の支払額 | △ 41,125 | △ 34,112 |
| 法人税等の還付額 | 10,474 | 9,856 |
| 営業活動によるキャッシュ・フロー | 81,664 | 96,316 |

| **投資活動によるキャッシュ・フロー** | | |
|---|---|---|
| 定期預金の預入による支出 | △ 1,694 | △ 18,374 |
| 定期預金の払戻による収入 | 1,679 | 2,285 |
| 有形固定資産の取得による支出 | △ 22,363 | △ 17,482 |
| 有形固定資産の売却による収入 | 239 | 517 |
| 無形固定資産の取得による支出 | △ 5,788 | △ 6,528 |
| 貸付けによる支出 | △ 132 | △ 296 |
| 貸付金の回収による収入 | 35 | 36 |
| その他の支出 | △ 15 | △ 5 |
| 投資活動によるキャッシュ・フロー | △ 30,424 | △ 41,464 |

| **財務活動によるキャッシュ・フロー** | | |
|---|---|---|
| 短期借入れによる収入 | 287 | 88 |
| 配当金の支払額 | △ 10,527 | △ 11,663 |
| 自己株式の売却による収入 | － | 5,009 |
| ストックオプションの行使による収入 | 1,094 | 1,006 |
| 財務活動によるキャッシュ・フロー | △ 11,340 | △ 13,862 |

| | | |
|---|---|---|
| 現金及び現金同等物に係る換算差額 | △ 768 | △ 250 |
| 現金及び現金同等物の増減額（△は減少） | 39,130 | 40,737 |
| 現金及び現金同等物の期首残高 | 60,923 | 100,053 |
| 現金及び現金同等物の期末残高 | 100,053 | 140,791 |

Point 1
Point 2
Point 3
Point 4

出典：株式会社ニトリホールディングス（2020年2月期決算短信）

15

# Chapter

# 1

kessansyo
mirudake notes

# 決算書の仕組みのキホン

「決算書」はビジネスパーソンならよく聞く単語だと思いますが、そもそもどんなもので、何のためにあるのでしょうか。この章では、決算書のキホンについてゼロから説明していきます。きちんと基礎を学ぶことが、決算書をスラスラ読み解くための第一歩です!

# 01 そもそも決算書は何のための書類か？

決算書はある期間における会社の財務の状況を示すもので、利害関係者から信頼や協力を得るための重要なツールでもあります。

そもそも決算とは、「**ある一定期間に、どれだけ儲かったか、もしくはどれだけ損をしたか**」などの経営成績を明確にする手続きのことです。決算によって明らかになった財務状態を報告するための書類が決算書で、いってみれば**会社の成績表**のようなものです。また、実は決算書は提出する際の目的によって名称が異なり、会社法では計算書類、金融商品取引法では財務諸表と呼ばれます。

## 決算書の存在意義

作りなさーい

義務①
法律で定められている
会社は、法律によって決算書類を作ることを定められている。

会社法　税法
金融商品取引法

ここの商品、継続して使いたいなぁ……

対価

商品

労働

給与

顧客

うちの会社はつぶれないよね？

従業員

前述の通り、計算書類は会社法での呼び方です。会社法という法律によって、株式会社は計算書類、つまり決算書を作ることが義務付けられているのです。これに対して財務諸表は、会社のお金の状況を**ステークホルダー**と呼ばれる利害関係者に報告するためのものです。ステークホルダーには取引先や出資者も含まれているため、**財務諸表で「経営が健全である」と示すことで、会社としての信頼を得られます。**

# 決算書を読むことで
# 得られるメリットは？

決算書が読めると、イメージや主観に左右されることなく、その会社が持つ本当の実力を数字で客観的に把握できます。

18 ページでも触れた通り、決算書は会社の成績表のようなものです。ある期間（これを決算期と呼びます）に会社が何をして、どれだけ儲けたか（または損をしたか）がわかります。「メディアでよく取り上げられる有名な会社だけど、決算書を見たら倒産しそうだぞ」ということもわかるので、**イメージなどにごまかされずに、その会社の本当の実力が客観的に評価できます**。

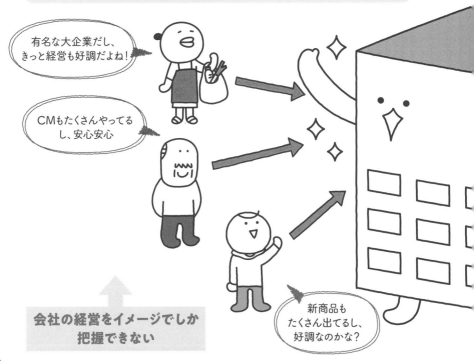

決算書が読めないと……

有名な大企業だし、きっと経営も好調だよね！

CMもたくさんやってるし、安心安心

新商品もたくさん出てるし、好調なのかな？

会社の経営をイメージでしか把握できない

決算書は成績表だけでなく、**会社の健康診断書**ともいわれます。経営状態が好調なのか不調なのかが数字で示され、そして、その原因も決算書を見ることで把握できます。成績表であり健康診断書である決算書を見ることで、会社の内部の人間なら経営の問題点と改善点がつかめ、外部の人間なら投資や融資をする価値のある会社なのかどうかを客観的に判断することができるのです。

## 決算書が読めると……

# まずは3つの決算書の役割を覚えよう

決算書（財務諸表）の重要な部分は、3つの表で構成されています。この3表が読めるようになれば、問題ありません。

決算書が読めるようになるためには、まず、決算書がどういった書類で構成されているのかを知る必要があります。決算書（財務諸表）のメインの部分は、**貸借対照表**、**損益計算書**、**キャッシュ・フロー計算書**という3つの表で構成されています。この3表をまとめて**財務3表**と呼ぶのですが、**財務3表を読みこなせるようになることで、財務諸表の内容が理解できる**のです。

## 代表的な3種類の決算書類

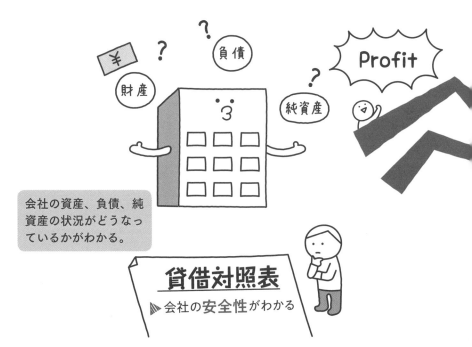

会社の資産、負債、純資産の状況がどうなっているかがわかる。

## 貸借対照表
会社の**安全性**がわかる

損益計算書は会社の収益性を表した表で、会計期間内にどれだけの利益や損失を出したかが記載されています。「Profit and Loss Statement」を略して「P/L」とも呼ばれます。貸借対照表は決算日の時点での会社の財務状態を記載したもので、その会社の安全性を示しているといえます。「Balance Sheet」を略して「B/S」とも呼ばれます。キャッシュ・フロー計算書は、期間内の現金の出入りを示しています。損益計算書や貸借対照表ではわからない、現金の流れが書かれていて、会社の成長性を読み取れます。これは「Cash Flow Statement」を略して「C/S」とも呼ばれます。「利益は計上されても、実際にお金が入ってくるのは数カ月後で、損益計算書上では黒字なのに現金がなくて倒産」という黒字倒産の理由なども、C/S を見るとよくわかります。

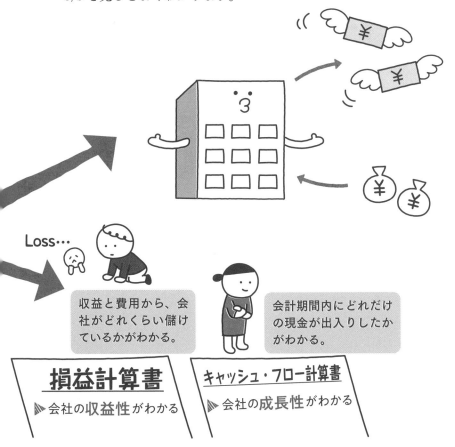

Loss…

収益と費用から、会社がどれくらい儲けているかがわかる。

会計期間内にどれだけの現金が出入りしたかがわかる。

## 損益計算書
▶ 会社の**収益性**がわかる

## キャッシュ・フロー計算書
▶ 会社の**成長性**がわかる

# 04 損益計算書を見れば 会社の儲けがわかる

その会社がどれだけの利益を上げたかを示す書類である損益計算書では、5種類の利益が扱われています。

## 5つの利益

「売上高」から費用を引いていくことで、「売上総利益」「営業利益」「経常利益」「税金等調整前当期純利益」「当期純利益」の5つの利益が計上される。

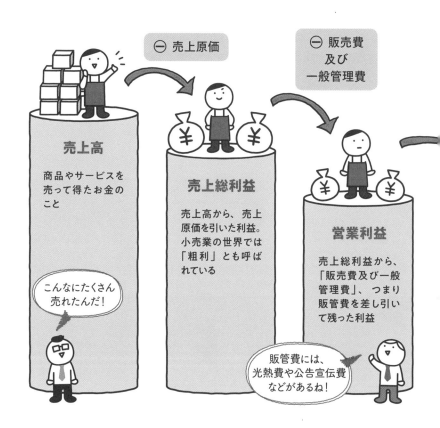

損益計算書は、会社が会計期間内にどれだけ利益をあげたかを記載した書類です。決算の期間は多くの会社が1年間と設定しています。法人税法によって1年を超えることは認められていませんが、短くすることは可能です。利益は、収益（売上）から費用（経費）を引いて算出します。この**「収益－費用＝利益」が損益計算書の基本で、この計算が損益計算書の中で繰り返されて、最終的な利益が算出される**のです。

損益計算書で扱うのは5つの利益です。「売上総利益」は粗利益や粗利とも呼ばれ、売上高から売上原価を引いたもの。「営業利益」は売上総利益から販管費を引いたものです。「経常利益」は営業利益に利息や配当金などを足し引きしたものです。「税金等調整前当期純利益」は経常利益に臨時で生じた損益を足し引きしたもの。「当期純利益」は税金等調整前当期純利益から税金を引いたものです。

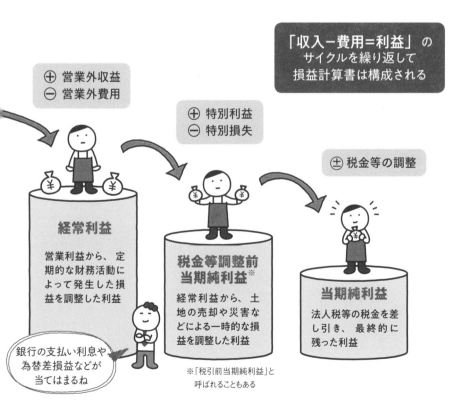

**「収入－費用＝利益」**のサイクルを繰り返して損益計算書は構成される

⊕ 営業外収益
⊖ 営業外費用

⊕ 特別利益
⊖ 特別損失

± 税金等の調整

**経常利益**

営業利益から、定期的な財務活動によって発生した損益を調整した利益

**税金等調整前当期純利益**※

経常利益から、土地の売却や災害などによる一時的な損益を調整した利益

**当期純利益**

法人税等の税金を差し引き、最終的に残った利益

銀行の支払い利息や為替差損益などが当てはまるね

※「税引前当期純利益」と呼ばれることもある

# 05 会社の全財産の状態を示す貸借対照表

貸借対照表は、その会社の財産の中身を示します。借りたお金と自分のお金がどの程度の割合かわかるのです。

その会社の財政状態がわかる貸借対照表は、**資産**、**負債**、**純資産**という3つの項目で構成されます。つまり、その会社の財産（資産）における借りたお金（負債）と自分の資産（純資産）の割合が示されているのです。財産をたくさん持っていても、その財産のほとんどが返済義務のある負債だと、その会社は健全とはいえません。このように、**貸借対照表はその会社の安全性も示している**のです。

## 貸借対照表の構成

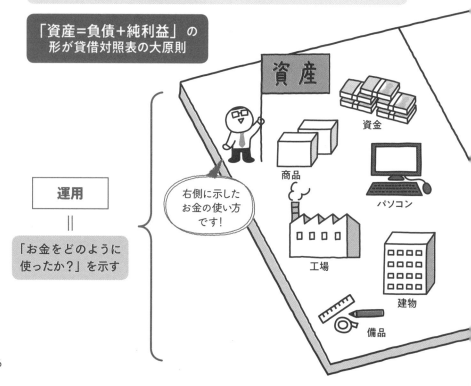

「資産＝負債＋純利益」の形が貸借対照表の大原則

運用
＝
「お金をどのように使ったか？」を示す

右側に示したお金の使い方です！

資産

資金
商品
パソコン
工場
建物
備品

貸借対照表は、表の左側に現金、有価証券、土地、建物などの資産が記載され、右側に負債（銀行などから借りたお金）と純資産（自己資本）が記載されます。資産の総額と、負債と純資産を足した金額は同じになります。表の左側と右側が同額になって、左右に同じ重さのものが乗ったシーソーのようにバランスがとれるので、貸借対照表はバランスシート（「B/S」）とも呼ばれるのです。

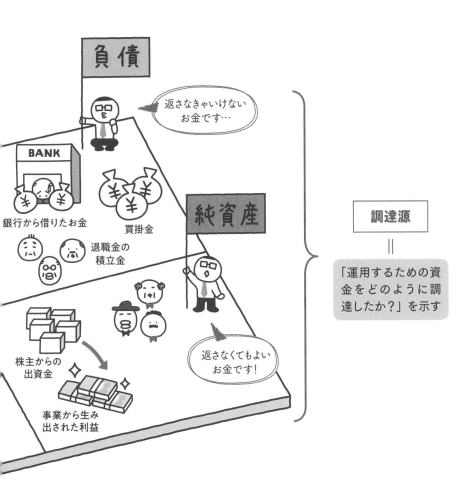

負債

返さなきゃいけない
お金です…

BANK

銀行から借りたお金

買掛金

退職金の
積立金

純資産

株主からの
出資金

事業から生み
出された利益

返さなくてもよい
お金です！

調達源
‖
「運用するための資
金をどのように調
達したか？」を示す

# 06 現金の流れがわかる
# キャッシュ・フロー計算書

損益計算書の内容は、実際の現金の動きと一致しているわけではないので、キャッシュ・フロー計算書が必要となります。

**キャッシュ・フロー計算書が必要とされる理由**は、損益計算書だけではその会社の会計期間内に現金がどれだけ増減したかという、現金の流れがわからないからです。例えば、A社がB社に商品を納品すると、その時点で売上が計上されます。ですが、**入金が数か月後だと、例え売上が1億円だったとしても、それまではA社の現金は1円も増えていない**のです。

## キャッシュ・フローの必要性

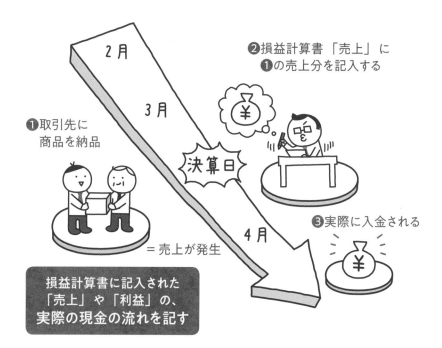

❷損益計算書「売上」に
❶の売上分を記入する

❶取引先に
商品を納品

決算日

❸実際に入金される

＝売上が発生

損益計算書に記入された
「売上」や「利益」の、
実際の現金の流れを記す

キャッシュ・フロー計算書に掲載されるキャッシュ・フローは、**営業キャッシュ・フロー**、**投資キャッシュ・フロー**、**財務キャッシュ・フロー**の3つに分かれます。営業キャッシュ・フローはその会社の通常業務での現金の増減です。投資キャッシュ・フローは投資での現金の増減のこと。財務キャッシュ・フローは財務活動（銀行からの融資、株主への配当、借入金の返済など）での現金の増減を指します。

## 3つのキャッシュ・フロー

「資産の増加＝現金流出」
「負債の増加＝現金流入」
のルールを覚えておこう！

**営業CF**

通常の業務でのお金の出し入れ。会社事業によってお金を生み出せているかがわかる。キャッシュ・フローの中でも最も重要な部分。

銀行

固定資産

有価証券

**財務CF**

財務によるお金の出し入れ。金融機関からの借入や返済と、株式発行などの財務活動により、どのくらいの資金を得ているかを示す。

**投資CF**

投資によるお金の出し入れ。企業が何にどれだけのお金を投資し、資産を売却しているかがわかる。

# グループ全体を
# 1社と見なす連結決算

上場企業の多くは関連会社を有しています。これらのグループをまとめて1つの企業と考えて行う決算が、連結決算です。

親会社と子会社を「まとめて1社」とみなして行う決算のことを**連結決算**と呼びます。そうして作成された決算書が連結決算書です。これに対して、1社だけで行う決算を**単独決算**と呼びます。連結決算と単独決算で、決算の方法に大きな違いがあるわけではありませんが、単独決算ではグループ内の会計操作の不正を見抜くのが難しいといった問題点があります。

## 単独決算の場合…

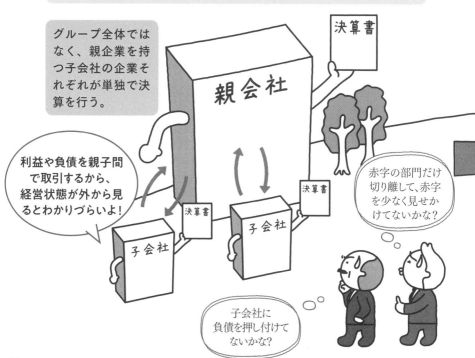

グループ全体ではなく、親企業を持つ子会社の企業それぞれが単独で決算を行う。

利益や負債を親子間で取引するから、経営状態が外から見るとわかりづらいよ！

赤字の部門だけ切り離して、赤字を少なく見せかけてないかな？

子会社に負債を押し付けてないかな？

株式を上場している企業の多くは、関連会社を作って事業を拡大させています。**投資家や債権者は、連結決算書があればその企業グループ全体の経営状態をきちんと把握できるので、投資または融資するかどうかを判断する材料になる**のです。なお、親会社と子会社のどちらも株式を上場しているケースもあります。この場合、親会社の連結決算書の一部が子会社の連結決算書となります。

## 連結決算の場合

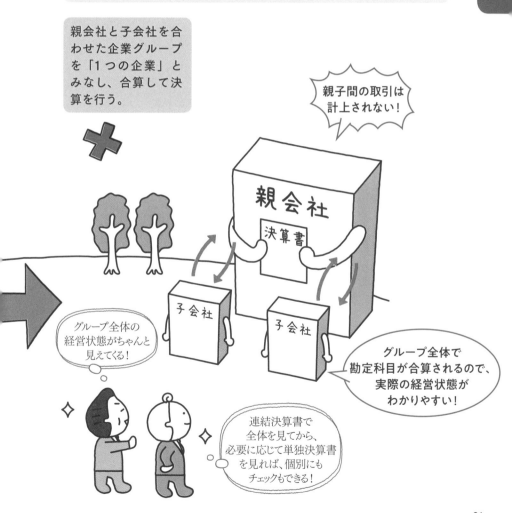

親会社と子会社を合わせた企業グループを「1つの企業」とみなし、合算して決算を行う。

親子間の取引は計上されない！

親会社

決算書

子会社

子会社

グループ全体の経営状態がちゃんと見えてくる！

グループ全体で勘定科目が合算されるので、実際の経営状態がわかりやすい！

連結決算書で全体を見てから、必要に応じて単独決算書を見れば、個別にもチェックもできる！

# 08

# 日本でも広がる
# 国際会計基準

経済がグローバル化している今、世界共通の会計ルールである国際会計基準（IFRS）を導入する企業が増えています。

決算書は、会計基準と呼ばれるルールにのっとって作成されます。日本で使用されている会計基準は、日本会計基準、米国会計基準、**国際会計基準（IFRS）**、J-IFRS の 4 種類です。IFRS は国際会計基準審議会が作成したもので、EU では上場企業に対して 2005 年に適用が義務付けられました。日本では 2010 年から導入が始まっています。この IFRS を日本向けに調整したものが、J-IFRS です。

## IFRS ははぜ必要？

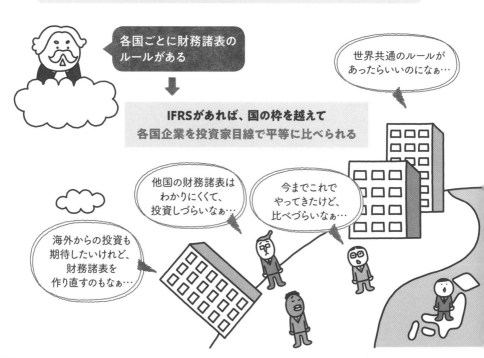

各国ごとに財務諸表のルールがある

↓

**IFRS があれば、国の枠を越えて各国企業を投資家目線で平等に比べられる**

世界共通のルールがあったらいいのになぁ…

他国の財務諸表はわかりにくくて、投資しづらいなぁ…

今までこれでやってきたけど、比べづらいなぁ…

海外からの投資も期待したいけれど、財務諸表を作り直すのもなぁ…

**IFRSを導入すると世界共通のルールにのっとることになる**ので、海外展開する際に経営管理や資金調達が楽になるといったメリットがあります。IFRSには原則主義（考え方のもととなる原理原則だけが示されていて、細かなルールは決まっていない）、貸借対照表重視（将来的にキャッシュ・フローを生み出せる資産状況かどうかを示すため）、グローバル基準などの特徴があります。

# IFRSの特徴とは

**原則主義**
規定が少なく、自由度が高い。その分、根拠を示すための注記が多い。一方、日本の会計基準は細かい規定が多い。

**グローバル基準**
世界で共通して使うことが目的なので、各国の税務上の独自ルールなどは組み込まれていない。定義も英語で行われている。

今後は日本でもIFRSがスタンダード化していきそう！

**貸借対照表を重視**
将来的なキャッシュ・フローの現在の価値を表す貸借対照表が重視される。日本の会計基準では損益計算書が重視されている。

# 09 日本会計基準と IFRS の 5 つの違い

国際会計基準（IFRS）での決算書は、売上計上のタイミングが異なるなど、日本会計基準とはさまざまな点が違います。

日本会計基準と国際会計基準（IFRS）との違いには、5つの重要なポイントがあります。1つ目のポイントは売上計上のタイミングです。日本基準では自社から出荷した時点で売上を計上しますが、IFRSでは買い手に着荷・検収された時点で売上が計上されます。2つ目のポイントは利益や税の扱いです。IFRSでは自社に実際に入る金額だけを売上に計上し、そこに外注費や税は含めません。

## 日本の会計基準とIFRSの構成要素の違い

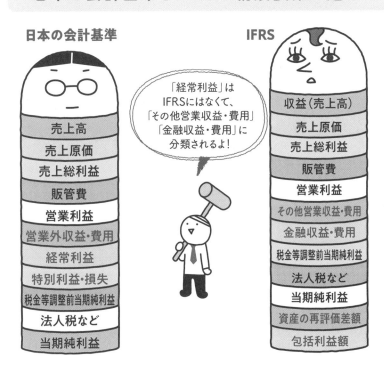

**日本の会計基準**

売上高
売上原価
売上総利益
販管費
営業利益
営業外収益・費用
経常利益
特別利益・損失
税金等調整前当期純利益
法人税など
当期純利益

「経常利益」はIFRSにはなくて、「その他営業収益・費用」「金融収益・費用」に分類されるよ！

**IFRS**

収益（売上高）
売上原価
売上総利益
販管費
営業利益
その他営業収益・費用
金融収益・費用
税金等調整前当期純利益
法人税など
当期純利益
資産の再評価差額
包括利益額

3つ目のポイントは利益と費用の区分です。24ページで解説した通り、日本会計基準では損益計算書の5種類の利益とそこで引く費用の区分が決まっていましたが、IFRSでは異なります。4つ目のポイントは貸借対照表（B/S）の名称で、IFRSでは**財政状態計算書**と呼びます。5つ目のポイントは「**のれん**（企業買収時に発生する無形固定資産）」の償却方法の違いで、IFRSでは定期償却は不要となります。

## 日本の会計基準と違う、IFRS 5つのポイント

「経常利益がない」「事業活動と財務活動の損益を分ける」「包括利益の導入」によって、例外の記載がなくなり、営業利益がより会社の実態を反映し、株や債券の変動による即時的な損益も計上されるようになる。

※包括利益：会社が持つ株や債券などの値段の変動、為替の損益なども加味した利益。

**利益と費用の区分が違う**

利益　費用

**貸借対照表が「財政状態計算書」に**

財政状態計算表

貸借対照表

貸借対照表が「財政状態計算書」に変更され、表の名前や記載する資産・負債の順番、資産・負債の区分の名称などが変わる。ただ、それらが変わっても計上される資産・負債の種類に大きな違いない。

**外注費や税を売上に含めない**

IFRSでは下請けに支払う外注費やたばこや酒にかかる税などは最初に引かれるので、売上高には含まれない。日本基準では売上原価として後で引かれるので、最終的な売上総利益は大きくは変わらない。

日本会計基準では売上は「取引先に商品を送った、サービスを提供した」時点、IFRSでは「対価が支払われたことを確認した」時点で計上される。架空の売上を計上することが困難になり、決算書の信頼性が高まる。

**売上計上のタイミング**

**のれん代は償却しない**

日本基準だと「のれん」は償却するが、IFRSでは被買収企業の業績に変化があった場合はその都度価値を見直す。

※のれん代：企業買収をしたときに発生する、被買収企業の財務表上の価値と実際の支払額の差額。

# 決算書を入手する 3つの方法

　ある企業の経営状態を知るためには、決算書を見るのが一番よい方法です。では、決算書はどこで手に入れられるのでしょうか？　上場企業であれば、右ページで紹介したような方法で決算書を見ることができます。非上場企業でも規模が大きい会社の場合、「会社四季報」の未上場会社版をチェックするとよいでしょう。それ以外の中小企業は、株主や債権者が開示請求をすれば、企業には開示義務が生じます。ただし裁判所での手続きが必要なので、手軽とはいえません。株主や債権者以外では、融資を行う銀行、新規の取引先、事務所を貸す家主などに対し、会社が信用を得るために決算書を開示することもあります。

上場企業の決算書なら、
誰でも簡単に無料で
入手することができます！

## ❶ ウェブサイト

　多くの上場企業の公式ウェブサイトには、「株主・投資家向け情報」「IR 情報」などと書かれた項目があります。そこには決算書が PDF 形式などで掲載されていて、ダウンロードして閲覧することができます。見つからない場合は、Google などに「○○（企業名）　IR」と打ち込んで検索しましょう。

## ❷ EDINET

　上場企業でもウェブサイトに決算書を載せていないことがあります。そんな場合は、EDINET（エディネット）のサイトをチェックしましょう。EDINET とは金融庁が運営する情報公開システムのことで、EDINET における上場企業の決算書の掲載は法律で義務付けられているので、すべての上場企業の決算書が見られます。

## ❸ EDGAR

　海外企業の場合、アメリカで上場しているなら、EDGAR（エドガー）が役立ちます。EDGAR はオンラインで公開されているデータベースです。EDINET も EDGAR をモデルに作成されました。アメリカの市場に上場している全企業の財務情報がチェックできます。「10-K」と書かれているのが、決算書に相当する年次決算報告書です。

# Chapter

# 2

kessansyo
mirudake notes

# 財務3表の読み方のキホン

これだけは
知っておきたい！

決算書のキホンがわかったところで、この章ではより具体的にその読み方を説明していきます。「貸借対照表」「損益計算書」「キャッシュ・フロー計算書」の財務3表について、その表ごとに項目や計算の仕方を見ていきましょう。

# 01 財務3表は 密接につながっている

財務3表は貸借対照表、損益計算書、キャッシュ・フロー計算書
で構成され、細かく分かれた項目から財務状態を読み解けます。

会社を設立する際には資本金が必要です。この資本金は、貸借対照
表に表示されています。会社としてビジネスを始めると、お金が回
り始めます。事業活動による売上や経費、利益などは損益計算書に
記載され、そして実際の現金の流れはキャッシュ・フロー計算書に
まとめられています。このように**財務3表は別々に存在しているので
はなく、密接につながっている**のです。

## 財務3表、どこを見る？

**①安全性**
自己資本比率による安定性、資
本や借金のバランス、借金の返
済能力、長期的な投資状況など
から、「倒産の危険性」を読み
取ることができる。

倒産する
危険はない？

貸借
対照表

**安全性　収益性　成長性**

の3つのポイントが、
財務3表から読み取れる

財務3表には、会社の3つの面が表されています。1つ目は、「倒産しないかどうか」という**安全性**で、貸借対照表から読み取れます。2つ目は、「儲かっているかどうか」という**収益性**で、損益計算書から読み取れます。3つ目は「今後、大きな会社になるかどうか」という**成長性**で、キャッシュ・フロー計算書から読み取れます。財務3表を組み合わせることで、会社の財務状況が見えてくるのです。

儲かっている?

②**収益性**
その会社の当期業績や、他社との比較から業績の良し悪しがわかり、「収益をきちんと上げているか」を分析することができる。

将来大きくなる?

③**成長性**
資金繰りに困って資産の売却などをしていないかをチェックすることで、「この会社に成長性があるか」の判断材料になる。

損益計算書

キャッシュ・フロー計算書

# 02 資産と負債は「流動」と「固定」に分けられる

貸借対照表で示される会社の資産と負債は、どちらも「流動」と「固定」に分けて記載されます。

貸借対照表は会社の資産の状況を示したものです。表の左側には会社が持つ資産、右側には負債と純資産が記載されていて、この左側の合計額と右側の合計額は必ず同額となります。これを見れば、資金をどのようにして調達したのかがひと目でわかります。そのため、**貸借対照表は、右側で調達したお金を左側のさまざまな資産という形で運用している様子が表されている**といえます。

## 資産と負債は「流動」「固定」に分けられる

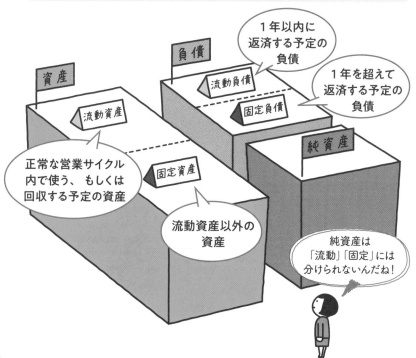

資産は**流動資産**と**固定資産**に分けられ、負債も**流動負債**と**固定負債**に分けられます。流動と固定を分ける基準は1年という期間です（**ワンイヤールール**）。1年以内に使う、または回収する予定の資産は、流動資産に分類されます（ただし、1年を超えるものでも通常の事業のサイクル内で使うか回収する予定の場合は、流動資産に分類される）。これ以外の資産は固定資産です。負債では、1年以内に返済する予定のものは流動負債で、1日でも超える予定のものは固定負債となります。

## ワンイヤールールと「流動」「固定」

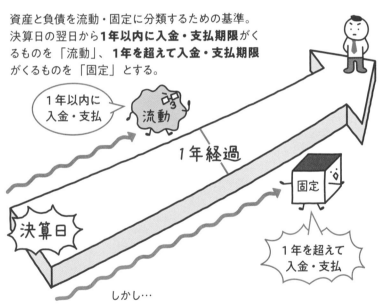

資産と負債を流動・固定に分類するための基準。
決算日の翌日から**1年以内に入金・支払期限**がくるものを「流動」、**1年を超えて入金・支払期限**がくるものを「固定」とする。

1年以内に入金・支払　流動

1年経過

決算日

固定

1年を超えて入金・支払

しかし…

| | 資産 | 負債 |
|---|---|---|
| 流動 | 正常な事業のサイクル内で使う、もしくは回収する予定の資産は、1年を超えるものでも流動資産になる（ワンイヤールールの適用外になる） | ワンイヤールールが厳格に守られ、1年以内に返済する予定の負債はすべて流動負債 |
| 固定 | 流動資産に分類されたもの以外の資産が固定資産になる | 1年を超えて返済する予定の負債はすべて固定負債 |

➡資産に関しては、「ワンイヤールール」が常に適用されるわけではない

# 流動資産と固定資産はそれぞれ3つに分かれる

資産の部の流動資産と固定資産は、それぞれ内容によって3種類に分類した上で、貸借対照表に記載します。

前ページで解説した流動資産は、**当座資産**、**棚卸資産**、**その他の資産**という3種類に分類されます。1年以内に現金化される流動資産の中においても、特に現金化しやすいのが当座資産で、現金の他、預金や売掛金、受取手形などがこれに当たります。棚卸資産は、いわゆる在庫のことです。その他の資産としては、短期貸付金（1年以内の返済期間で従業員や取引先に貸したお金）があります。

## 流動資産に分類されるもの

➡1年以内に現金化できるもの

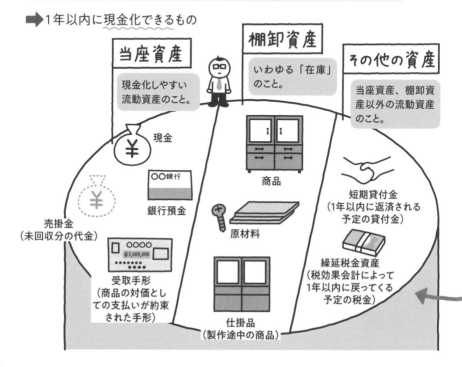

当座資産　現金化しやすい流動資産のこと。
現金
銀行預金
売掛金（未回収分の代金）
受取手形（商品の対価としての支払いが約束された手形）

棚卸資産　いわゆる「在庫」のこと。
商品
原材料
仕掛品（製作途中の商品）

その他の資産　当座資産、棚卸資産以外の流動資産のこと。
短期貸付金（1年以内に返済される予定の貸付金）
繰延税金資産（税効果会計によって1年以内に戻ってくる予定の税金）

44

固定資産は**有形固定資産**、**無形固定資産**、**投資その他の資産**に分けられます。有形固定資産は形として存在するもので、土地、建物、機械装置などを指します。無形固定資産は形がないもので、特許権、商標権、ソフトウェアなどのこと。投資その他の資産は、投資有価証券（1年以上の長期保有の債券など）などです。短期で売る有価証券は、当座資産に分類されます。

## 固定資産に分類されるもの

➡1年以内に現金化できないもの

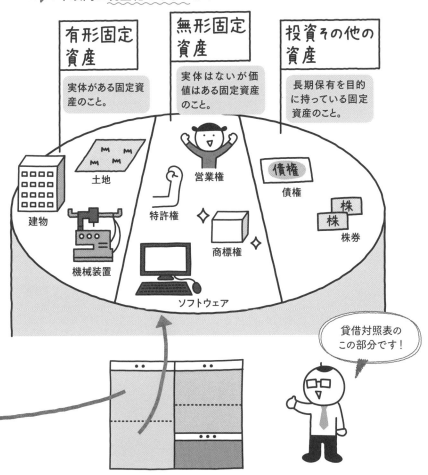

有形固定資産

実体がある固定資産のこと。

無形固定資産

実体はないが価値はある固定資産のこと。

投資その他の資産

長期保有を目的に持っている固定資産のこと。

土地

建物

機械装置

営業権

特許権

商標権

ソフトウェア

債権

債権

株

株

株券

貸借対照表のこの部分です！

# 04 負債と純資産は何で構成されるのか？

貸借対照表の右側に記載される流動負債と固定負債、純資産は、それぞれ何種類かに分類されます。

返済する必要のない元手である、純資産。**純資産は、株主資本、評価・換算差額等、非支配株主持分で構成されます**。株主資本は株主から集めたお金と、事業で得た利益を蓄積したお金のことです。評価・換算差額等は、会社が所有する株などの有価証券が購入時より価格が上下したときの損益のことです。非支配株主持分は、連結子会社の株の中で親会社が所有していない持分を指します。

## 純資産に分類されるもの

➡返済する必要のないお金

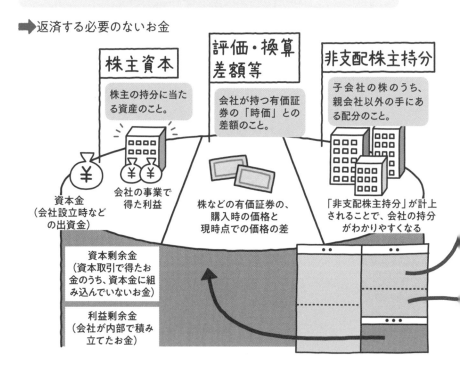

**株主資本**
株主の持分に当たる資産のこと。

**評価・換算差額等**
会社が持つ有価証券の「時価」との差額のこと。

**非支配株主持分**
子会社の株のうち、親会社以外の手にある配分のこと。

資本金
（会社設立時などの出資金）

会社の事業で得た利益

株などの有価証券の、購入時の価格と現時点での価格の差

「非支配株主持分」が計上されることで、会社の持分がわかりやすくなる

資本剰余金
（資本取引で得たお金のうち、資本金に組み込んでいないお金）

利益剰余金
（会社が内部で積み立てたお金）

1年以内に返済する**流動負債に分類される主なものは、仕入債務と短期借入金**です。仕入債務に当たるのは、買掛金や支払手形です。短期借入金は1年以内に返さないといけないお金で、事業の運転資金などに使われます。1年以上で返済する債務の**固定負債は、長期借入金、社債、引当金など**です。引当金は将来の支出（例えば退職金など）のためにあらかじめ準備しておくお金のことです。

## 負債（流動、固定）に分類されるもの

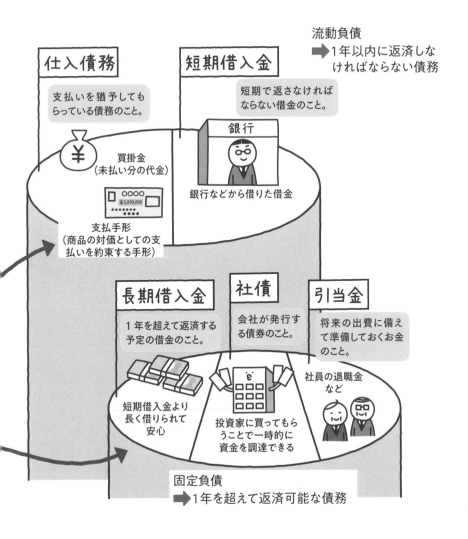

流動負債
➡1年以内に返済しなければならない債務

**仕入債務**

支払いを猶予してもらっている債務のこと。

買掛金
（未払い分の代金）

¥5,000,000

支払手形
（商品の対価としての支払いを約束する手形）

**短期借入金**

短期で返さなければならない借金のこと。

銀行

銀行などから借りた借金

**長期借入金**

1年を超えて返済する予定の借金のこと。

短期借入金より長く借りられて安心

**社債**

会社が発行する債券のこと。

投資家に買ってもらうことで一時的に資金を調達できる

**引当金**

将来の出費に備えて準備しておくお金のこと。

社員の退職金など

固定負債
➡1年を超えて返済可能な債務

47

# 「売上高」と「粗利」はどう違う？

商品が売れた収入である売上高から、商品を作るために直接かかった原価を引いたのが、売上総利益（粗利益）です。

会計期間内に会社が出した利益と損失を示しているのが、損益計算書です。**損益計算書の基本は「収入－費用＝利益」で、この計算が表の中で繰り返されます**。そういったシンプルな構造なので、損益計算書は財務3表の中で一番わかりやすいといわれています。表の一番上に書かれるのが<u>売上高</u>です。売上高とは、ものやサービスなどの商品を売って得られた代金のことを指します。

## 売上総利益で商品力がわかる！

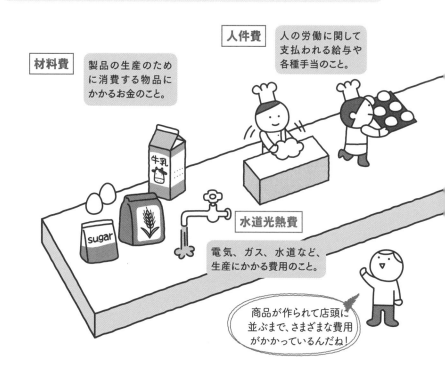

**材料費**
製品の生産のために消費する物品にかかるお金のこと。

**人件費**
人の労働に関して支払われる給与や各種手当のこと。

**水道光熱費**
電気、ガス、水道など、生産にかかる費用のこと。

商品が作られて店頭に並ぶまで、さまざまな費用がかかっているんだね！

売上高から**売上原価**を引いたのが**売上総利益**（粗利益、または粗利とも呼びます）です。売上原価とは、ものを作ったり、サービスを提供するために直接かかった費用のことで、商品を作るための原材料費、製造時の電気代、製造に関する人件費などが売上原価に含まれます。売上原価は「売れた商品にかかった費用」であり、売れ残った商品の原価は売上原価に含まないことに注意してください。

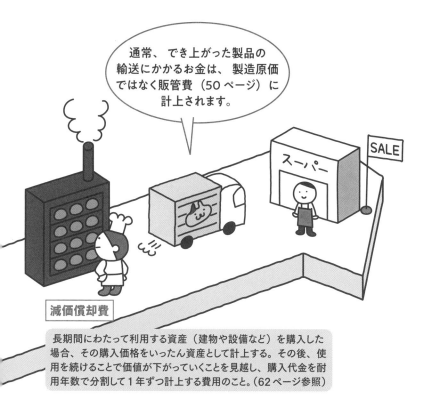

通常、でき上がった製品の輸送にかかるお金は、製造原価ではなく販管費（50ページ）に計上されます。

減価償却費

長期間にわたって利用する資産（建物や設備など）を購入した場合、その購入価格をいったん資産として計上する。その後、使用を続けることで価値が下がっていくことを見越し、購入代金を耐用年数で分割して1年ずつ計上する費用のこと。（62ページ参照）

売上総利益（粗利）＝商品代－商品を作るのにかかったお金

売上総利益はすべての利益の大本なので、ここの割合が大きいほど、最終的な利益も大きい可能性が高い！

➡商品の付加価値が高い、商品力が強いということ

# 06 本業の稼ぐ力がわかる営業利益

売上総利益から、製造以外の活動で生じる費用である販管費を引いたのが営業利益で、会社の実力を測ることができます。

前ページで紹介した売上総利益は、商品を売ったことで直接得られる利益ですが、そこから**販売費及び一般管理費**を引いたのが**営業利益**です。販売費及び一般管理費は略して販管費とも呼ばれる費用で、商品を売ったり宣伝したりするためにかかるお金と、会社を運営するためのお金のことです。例えば、広告宣伝費、製造部門以外の従業員の人件費、オフィスの家賃、光熱費などが販管費に当たります。

## 販管費とは？

「販売費及び一般管理費」の略称。 製品の製造やサービスの提供に直接関わっていない費用。

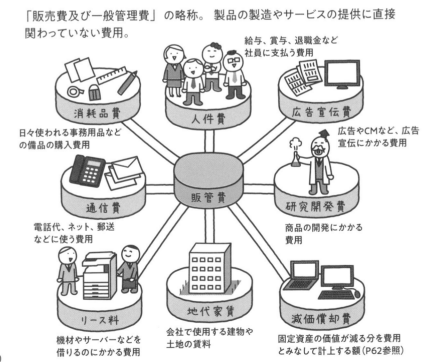

給与、賞与、退職金など社員に支払う費用

消耗品費
日々使われる事務用品などの備品の購入費用

人件費

広告宣伝費
広告やCMなど、広告宣伝にかかる費用

通信費
電話代、ネット、郵送などに使う費用

販管費

研究開発費
商品の開発にかかる費用

リース料
機材やサーバーなどを借りるのにかかる費用

地代家賃
会社で使用する建物や土地の賃料

減価償却費
固定資産の価値が減る分を費用とみなして計上する額（P62参照）

売上高から売上原価を引いた売上総利益から、製造以外の通常の事業活動で生じる費用（販管費）を引いたのが営業利益です。つまり、**営業利益は会社が本業で稼いだ利益を表しているといえるわけで、その会社の実力を計測できる重要な数値なのです。** もし営業利益がマイナスになった場合は、本業で儲けを出せていない会社であり、経営的に問題があると判断できます。

# 営業利益で事業力がわかる

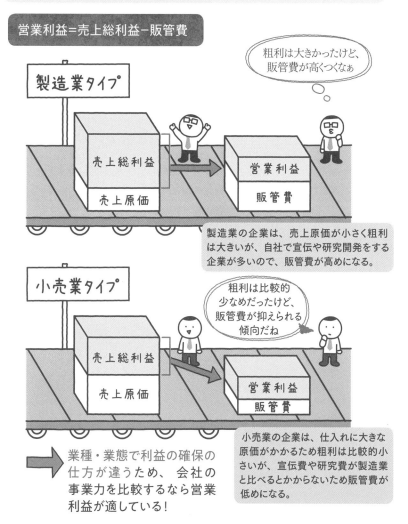

営業利益＝売上総利益－販管費

**製造業タイプ**

売上総利益

売上原価

営業利益

販管費

粗利は大きかったけど、販管費が高くつくなぁ

製造業の企業は、売上原価が小さく粗利は大きいが、自社で宣伝や研究開発をする企業が多いので、販管費が高めになる。

**小売業タイプ**

売上総利益

売上原価

営業利益

販管費

粗利は比較的少なめだったけど、販管費が抑えられる傾向だね

業種・業態で利益の確保の仕方が違うため、会社の事業力を比較するなら営業利益が適している！

小売業の企業は、仕入れに大きな原価がかかるため粗利は比較的小さいが、宣伝費や研究費が製造業と比べるとかからないため販管費が低めになる。

# 07 その会社の安定性が わかる経常利益

営業利益から、本業以外の財務活動などで生じた儲けや費用を足し引きして算出するのが経常利益です。

営業利益から、営業外で生じた利益と費用を足し引きしたのが、**経常利益**です。営業外での利益のことは**営業外収益**と呼びます。主な営業外収益は、銀行預金の利息や保有している株式の配当金（ただし、自社の株式の配当金は含まない）などです。**営業外費用**としては、銀行などから借りているお金に対して支払わなければいけない利息などがあります。

## 経常利益で事業以外の損益がわかる

経常利益に計上される損失と収益には、以下のような項目がある。これらを足し引きして、最終的な経常利益を算出する。

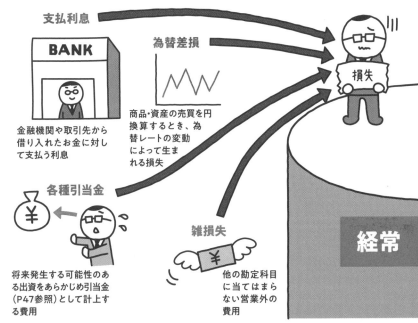

**支払利息**
金融機関や取引先から借り入れたお金に対して支払う利息

**為替差損**
商品・資産の売買を円換算するとき、為替レートの変動によって生まれる損失

**損失**

**各種引当金**
将来発生する可能性のある出資をあらかじめ引当金（P47参照）として計上する費用

**雑損失**
他の勘定科目に当てはまらない営業外の費用

**経常**

本業による儲けだけでなく、財務活動での収益や費用まで含めて計算したものが、経常利益です。**経常利益を見ることで、その会社が安定して利益をあげているかを判断することができます。**例えば、いくら営業利益が多くても多額の借金を背負っている状態だと、その会社の経常利益は小さくなってしまいます。こうした会社の経営は健全とはいえないでしょう。

> 経常利益＝営業利益＋営業外収益－営業外費用

➡ 営業利益がたくさんあっても、多額の借金などがあれば利息も大きくなり、経常利益は小さくなる。経常利益は、「会社が安定・継続的に利益を生む能力」を表す。

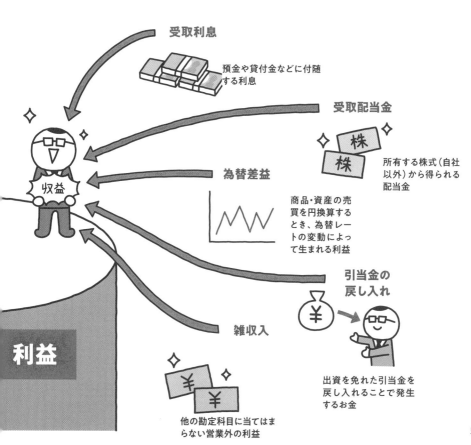

**受取利息**

預金や貸付金などに付随する利息

**受取配当金**

株 株

所有する株式（自社以外）から得られる配当金

**為替差益**

商品・資産の売買を円換算するとき、為替レートの変動によって生まれる利益

**引当金の戻し入れ**

出資を免れた引当金を戻し入れることで発生するお金

収益

利益

**雑収入**

他の勘定科目に当てはまらない営業外の利益

# 08 投資家が重視する 当期純利益

一過性の事情で発生した利益や損失を足し引きして、最後に税金を引くと、最終利益である当期純利益が算出できます。

経常利益に、特別な事情で発生した収益や損失を加えたり引いたりしたものが、**税金等調整前当期純利益**です。ここで言う特別な事情での収益は、**特別利益**と呼ばれます。所有している建物や土地などを売却して得られた利益などが当たります。これに対して、特別な事情での損失は、**特別損失**と呼びます。台風や地震といった災害によって受けた損失などが一例です。

## 当期純利益・特別利益・特別損失とは

当期純利益 = 税金等調整前当期純利益 − 法人税などの税金

（経常利益＋特別利益−特別損失）

企業の通常の事業活動以外において、特別な要因で一時的に発生した損失。

**特別利益** ⊕

企業の通常の事業活動以外において、特別な要因で一時的に発生した利益。

**特別損失** ⊖

**固定資産売却益**
固定資産を売ることで得た利益

**投資有価証券売却益**
投資目的で持っている国債・有価証券を売ることで得た利益

**固定資産除却損**
固定資産を廃棄することで発生した損失

**災害損失**
火災や地震、台風や大雨などの災害で発生した損失

**投資有価証券売却損**
投資目的で持っている国債・有価証券を売ることで発生した損失

**損害賠償損失**
損害賠償金の支払いによる損失

**事業整理損失**
事業の整理や構築などによって発生した損失

左ページで解説した税金等調整前当期純利益は、その名称通り税金を引く前のものです。ここから法人税や地方税などの税金を引いたものが、最終利益となる<u>当期純利益</u>です。売上高から始まって「収入－費用＝利益」の計算を繰り返してたどり着いた当期純利益によって株主への配当も決まります。**株価にも大きな影響を与えるので、投資家は当期純利益を重視します。**

## 当期純利益で最終的な儲けがわかる

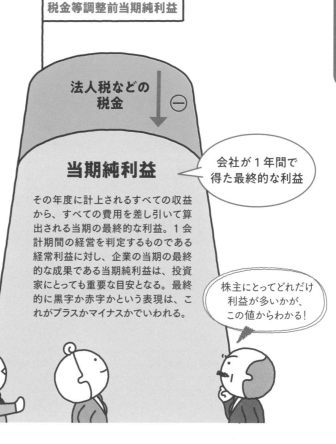

税金等調整前当期純利益

法人税などの
税金 ⊖

**当期純利益**

会社が1年間で
得た最終的な利益

その年度に計上されるすべての収益から、すべての費用を差し引いて算出される当期の最終的な利益。1会計期間の経営を判定するものである経常利益に対し、企業の当期の最終的な成果である当期純利益は、投資家にとっても重要な目安となる。最終的に黒字か赤字かという表現は、これがプラスかマイナスかでいわれる。

株主にとってどれだけ
利益が多いかが、
この値からわかる！

株主への
配当を決める、
重要な成果！

# 09 事業での稼ぎを示す 営業キャッシュ・フロー

会社の稼ぎを表す営業キャッシュ・フローがマイナスだと、事業を行っても現金が外に出ていく状態となっています。

会社の現金の流れを表すキャッシュ・フロー計算書は、3つのセクションで構成されます。その1つ目が、**営業活動によるキャッシュ・フロー**（以下、営業CF）です。営業活動は会社の事業を指すので、営業CFは事業によって現金がどれだけ増減したかを示しています。**ここがマイナスだと、事業をやっても現金がなくなる状態なので、企業としては営業CFはプラスでなければいけません**。

## 営業キャッシュ・フローの算出方法

営業キャッシュ・フローでは、「損益計算書上の数字」と「実際の現金の動き」でズレが生じる部分を洗い出し、金額の差を調整する。

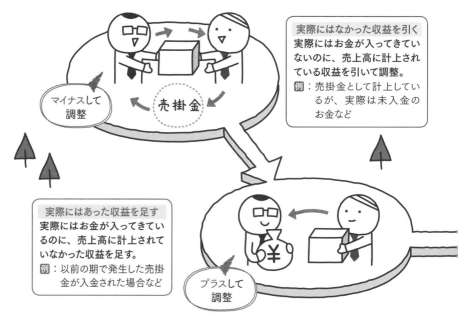

売掛金

マイナスして調整

**実際にはなかった収益を引く**
実際にはお金が入ってきていないのに、売上高に計上されている収益を引いて調整。
例：売掛金として計上しているが、実際は未入金のお金など

**実際にはあった収益を足す**
実際にはお金が入ってきているのに、売上高に計上されていなかった収益を足す。
例：以前の期で発生した売掛金が入金された場合など

プラスして調整

営業 CF が**現金主義**（現金が動いた時点で計上する）なのに対して、損益計算書と貸借対照表は**発生主義**（取引が行われた時点で金額を計上する）です。そのため金額にズレが生じることがあるので、調整が必要となります。例えば、売上が帳簿に計上されていても、まだ現金を受け取っていない場合（これを売掛金と呼びます）は、営業 CF では受け取ってない金額をマイナスにして調整します。

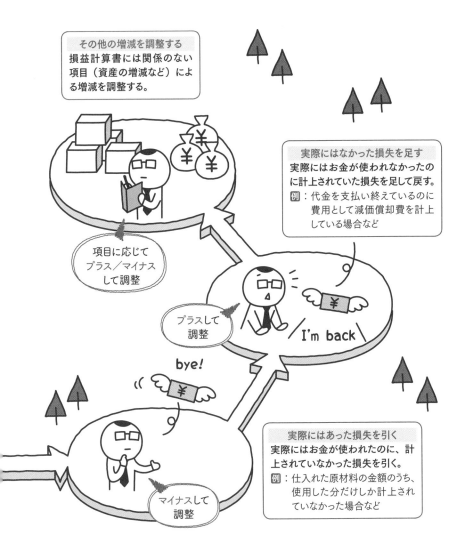

その他の増減を調整する
損益計算書には関係のない項目（資産の増減など）による増減を調整する。

項目に応じて
プラス／マイナス
して調整

実際にはなかった損失を足す
実際にはお金が使われなかったのに計上されていた損失を足して戻す。
例：代金を支払い終えているのに費用として減価償却費を計上している場合など

プラスして
調整

I'm back

bye!

実際にはあった損失を引く
実際にはお金が使われたのに、計上されていなかった損失を引く。
例：仕入れた原材料の金額のうち、使用した分だけしか計上されていなかった場合など

マイナスして
調整

# 10 投資キャッシュ・フローから 会社の将来性が見えてくる

投資キャッシュ・フローの数字を見れば、会社がどれだけ将来の ために投資を行っているかがわかります。

キャッシュ・フロー計算書の2つ目のセクションは、**投資活動によ るキャッシュ・フロー**（以下、投資 CF）です。投資にどれだけ資金を使っ たか、資産をどれだけ売却し収入を得たかが記されています。取得 や売却の対象となるのは、有形固定資産、無形固定資産、有価証券 などです。投資 CF がプラスだと資産を売ってお金を得ている状態 です。マイナスならお金を払って新たな資産を得ている状態です。

## 投資キャッシュ・フローがプラスになる場合

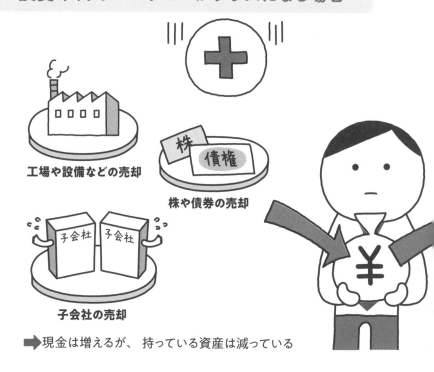

工場や設備などの売却

株や債券の売却

子会社の売却

➡ 現金は増えるが、持っている資産は減っている

営業 CF の場合はプラスが望ましい状態でしたが、投資 CF はそうとは限りません。プラスでお金を得ている状態でも、事業でお金が稼げず（営業 CF がマイナス）、その穴埋めのために土地などの資産を売っているのかもしれません。**逆に投資 CF がマイナスでも、将来のためにお金を払って新たな設備などを手に入れているのであれば、むしろ将来性は有望だといえます**。

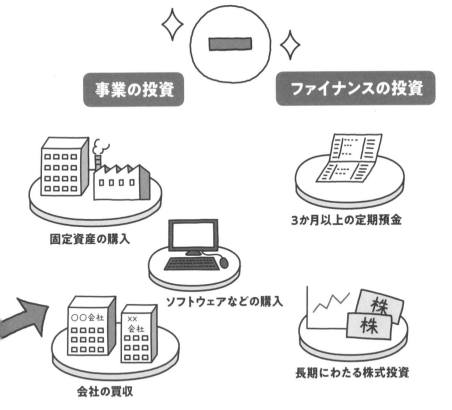

## 投資キャッシュ・フローがマイナスになる場合

**事業の投資**

**ファイナンスの投資**

固定資産の購入

ソフトウェアなどの購入

会社の買収

3か月以上の定期預金

○○会社　××会社

株　株

長期にわたる株式投資

現金を使って新しい設備を手に入れたり、新規事業へ参入しようとしている。

➡会社の将来のために投資ができている状態

# 11 財務キャッシュ・フローで会社の借金の状況がわかる

資金調達に関するお金の動きがわかるのが、財務キャッシュ・フローです。借金の状態や株主への還元などが記されています。

キャッシュ・フロー計算書の3つ目のセクションは、**財務活動によるキャッシュ・フロー**（以下、財務CF）です。ここには、会社の資金調達に関連した活動での現金の動きが記載されます。つまり、銀行からの借入や返済、社債の発行・償還、株主への配当金の支払いなどによって、どれだけお金が出入りしたのかが、財務CFを見ることで把握できるのです。

**財務キャッシュ・フローがプラスになる場合**

銀行からお金を借りる

社債の発行

株式の発行

事業不振によるのか、成長のためなのか判断が必要！

➡銀行や社債・株式など、さまざまな方法で現金を得ている状態

財務CFがプラスのときは、銀行からお金を借りたりしてお金を得ている状態です。マイナスは、借金を返済したり、株主に配当金を支払ってお金が出ていったりしている状態です。したがって、**マイナスのほうが会社の負担が減っており、株主から見ても配当金が入ってくるので喜ばしい状態です**。ただし、会社の信用がなくて借入ができない結果、マイナスになるケースもあるので注意しましょう。

## 財務キャッシュ・フローがマイナスになる場合

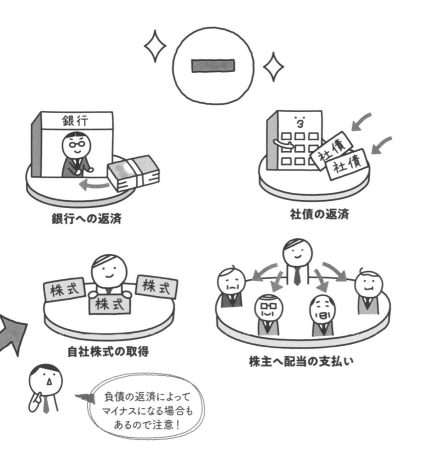

**銀行への返済**

**社債の返済**

**自社株式の取得**

**株主へ配当の支払い**

負債の返済によってマイナスになる場合もあるので注意！

お金を返すなどをして、負債を減らしている状態
➡業績が好調で、経営に余裕があるケースが多い！

# 減価償却費とは?

　長年にわたって使用する高額の機械や設備などを購入した場合、その費用を全額一度に計上するのではなく、利用耐用年数で分割して、毎年費用として計上していく。これが会計処理における減価償却の仕組みです。耐用年数は実際にそれを使う期間ではなく、資産の種類ごとに法律であらかじめ決められています。減価償却を取り入れることで、「購入した年の費用が莫大になって、会社の業績の実態が正しく表わせない」という事態を防いでいるのです。なお、減価償却は年数の経過や使用によって価値が減少していくものを対象としているので、土地は対象には含まれません。

高額な固定資産を
購入したときは、
経費は分割して
計上できるんだね。

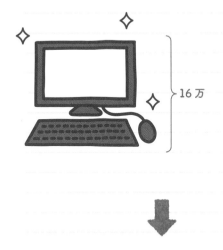

## 購入時

例えば、16万円のパソコンを購入した場合、その費用を全額一度に計上せずに、均等に分割して1年ごとに計上します。パソコンの耐用年数は4年と定められているので、費用は4年で分割します。なお、サーバーとして使用する場合のパソコンの耐用年数は5年です。

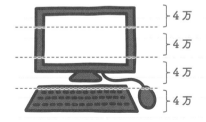

## 実際

16万円を4年で分割して、1年ごとに4万円を費用として計上します。なお、10万円以上20万円未満の物なら一括償却資産として、通常より短期間の3年で償却することも可能です。一括償却資産には、地方自治体が課税する償却資産税がかからないというメリットもあります。

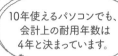

10年使えるパソコンでも、会計上の耐用年数は4年と決まっています。

売上総利益　売上原価　営業利益　販管費

## Chapter

# 3

kessansyo
mirudake notes

# 財務指標から
# "儲けの仕組み"がわかる

IoT

どうやってあの会社は
儲けているのだろう？

決算書に載っているさまざまな数字を使って、売上高成長率や流動比率、ROA といった財務指標を求めることができます。本章では実際の企業の決算書を例に、財務指標の算出の仕方から読み方、分析のやり方を解説します。

# 01

## 企業の成長性がわかる<br>売上高成長率

企業の成長度合いがわかる売上高成長率。伸び率が著しいオイシックス・ラ・大地という会社を例に見ていきましょう。

その企業がどれくらい成長しているのかを測る財務指標に、**売上高成長率が<br>あります。これは、企業の当期の売上高が前期に比べて、どのくらい伸びた<br>かを示す指標**です。当期の売上高から前期の売上高を引いた額を前<br>期の売上高で割って求めます。企業の**成長性**がわかる**売上高成長率**<br>ですが、市場の成長率を下回っている場合は実質的な成長とはいえ<br>ません。また、**売上規模が小さいとちょっとした増収で成長率は上がりやす<br>いので、過去数年間の数値を見て判断する**といいでしょう。

## 売上高成長率とリスク

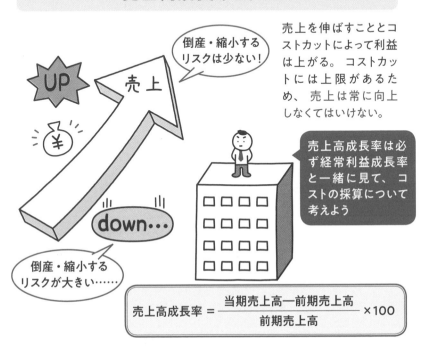

倒産・縮小する<br>リスクは少ない！

UP　売上

倒産・縮小する<br>リスクが大きい……

down…

売上を伸ばすこととコ<br>ストカットによって利益<br>は上がる。コストカット<br>には上限があるた<br>め、売上は常に向上<br>しなくてはいけない。

売上高成長率は必<br>ず経常利益成長率<br>と一緒に見て、コ<br>ストの採算について<br>考えよう

$$売上高成長率 = \frac{当期売上高 - 前期売上高}{前期売上高} \times 100$$

有機野菜などの食品宅配ビジネスで近年、急成長している**オイシック**
**ス・ラ・大地**を例に見てみましょう。オイシックスは 2017 年に「大
地を守る会」と経営統合、2018 年に「らでぃっしゅぼーや」を吸
収合併。野菜宅配ビジネスの競合企業を傘下に収め、料理キット
をはじめさまざまなサービスでヒットを連発してきました。2012
年 3 月期に 127 億円だった売上は 2020 年 3 月期には 710 億円にま
で伸びています。2020 年 3 月期の売上高成長率こそ 11％ですが、
**2019 年 3 月期の売上高成長率は 60.1％、2018 年 3 月期は 73.7％。**
売上高成長率は 6 〜 20％で超優良水準とされるので、オイシック
ス・ラ・大地がいかに驚異的な急成長を遂げているかがわかります。

## オイシックス・ラ・大地の売上高成長率は？

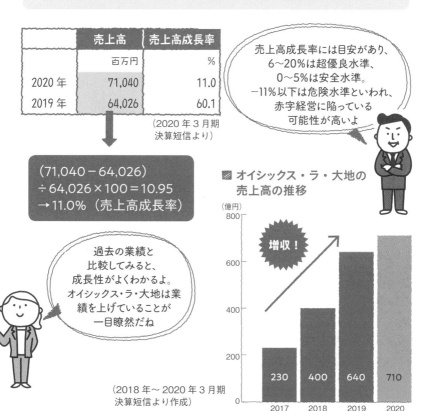

|  | 売上高 | 売上高成長率 |
|---|---|---|
|  | 百万円 | ％ |
| 2020 年 | 71,040 | 11.0 |
| 2019 年 | 64,026 | 60.1 |

（2020 年 3 月期
決算短信より）

（71,040 − 64,026）
÷ 64,026 × 100 ＝ 10.95
→ 11.0％（売上高成長率）

売上高成長率には目安があり、
6〜20％は超優良水準、
0〜5％は安全水準。
−11％以下は危険水準といわれ、
赤字経営に陥っている
可能性が高いよ

過去の業績と
比較してみると、
成長性がよくわかるよ。
オイシックス・ラ・大地は業
績を上げていることが
一目瞭然だね

■ オイシックス・ラ・大地の
　 売上高の推移

（億円）

**増収！**

| 2017 | 2018 | 2019 | 2020 |
|---|---|---|---|
| 230 | 400 | 640 | 710 |

（2018 年〜 2020 年 3 月期
決算短信より作成）

# 02 本業で稼ぐ力がわかる 売上高営業利益率

効率の良い経営ができているかを表す売上高営業利益率。その利益率が高く、業績も絶好調のキーエンスの数値を見てみましょう。

**企業が本業で利益を稼ぐ力がわかる指標に、売上高営業利益率があります。** 売上高に占める営業利益の割合を示したもので、営業利益を売上高で割って求められます。**一般的に営業利益率が高いほど、本業で利益を稼ぐ力が高いといえます。** ここでは、精密機械の販売大手のキーエンスを例に見てみましょう。同社の 2020 年 3 月期の売上高は 5518 億円、営業利益は 2776 億円でした。売上高営業利益率は 50.3％と非常に高く、ベースとなる粗利率は 8 割超。製造業の指針である 20 〜 30％を大きく上回っています。

## 売上高営業利益率を上げるには

売上原価と販管費を下げることで利益率も上がる。

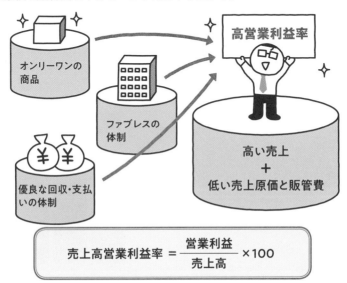

高営業利益率

オンリーワンの商品

ファブレスの体制

優良な回収・支払いの体制

高い売上
＋
低い売上原価と販管費

$$売上高営業利益率 = \frac{営業利益}{売上高} \times 100$$

同社の製品が他の追随を許さないクオリティを持っているとされるのは、**直販による付加価値の高いコンサルティング営業を行うことで、ユーザーニーズに応えたオンリーワンの製品を提供できるのが理由**。これにより製品価格は価値ベースで提案でき、高い販売価格を維持できるのです。さらに、製造設備を自社で保持しないファブレスであるため初期投資やランニングコストの負担がなく、経営資源を製品企画や営業などに集中できます。また、**売掛回収はゆっくり行って、支払いを早めに実施するという考え方が、優良なサプライヤーや製造業者の確保につながっています**。こういった施策が功を奏して、高い売上を実現すると同時に売上原価や販管費を低く抑えられているので、売上高営業利益率が高くなっているのです。

## キーエンスの驚異的な収益力

▨ 損益計算書　　　　　　　　　（百万円）

| | |
|---|---|
| 売上高 | 551,843 |
| 売上原価 | 100,406 |
| 売上総利益 | 451,436 |
| 販売費及び一般管理費 | 173,805 |
| 営業利益 | 277,631 |
| 営業外収益 | 6,587 |
| 経常利益 | 280,253 |
| 税金等調整前当期純利益 | 280,253 |
| 当期純利益 | 198,124 |

（2020 年 3 月期決算短信より）

電気機器業界の売上高営業利益率の平均は6％前後。キーエンスがいかにすごい財務基盤かわかるね

277,631÷551,843×100
＝50.3％（売上高営業利益率）

他にも注目したいのが粗利益率。
「売上総利益÷売上高×100」で計算すると81.8％になる。
製造業の相場は約20〜30％のため、突出した数値ということがわかるね

### One point

同じく粗利益が高い業種として有名なのが化粧品業界（74〜75ページ参照）。しかし売上営業利益率はキーエンスのほうがはるかに高いのは、「販管費」が違うためです。化粧品業界は巨額の広告費をかけていますが、キーエンスはBtoBビジネスのためコストがかかりません。こうした仕組みにより、高い収益力を生み出しています。

# 03 自己資本比率を見れば経営の安全性がわかる

企業の安全性を示す自己資本比率。高い利益率を誇るオービックの儲ける仕組みを探ってみましょう。

**自己資本比率とは、資産合計（総資本）に対して自己資本が占める割合のことです。総資本は自己資本と他人資本（負債）の合計なので、自己資本の割合が高いほど安全性が高いと判断できます。** 自己資本は**純資産**のことで、資本金と利益剰余金で成り立っています。ただ、上場企業の場合は、純資産から新株予約権や被支配株主持分を引く必要があります。自己資本比率がマイナスになった場合は、負債を資産で払いきれない状況に陥っていることになります。この状態を**債務超過**といいます。

## 自己資本比率の基準とは

平均値は業界・業種によって違うことを覚えておこう。

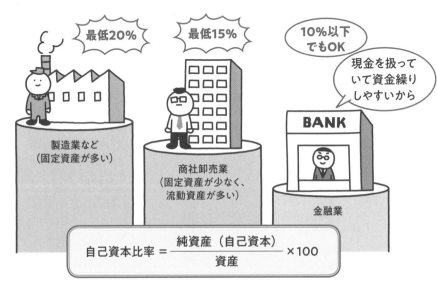

$$自己資本比率 = \frac{純資産（自己資本）}{資産} \times 100$$

企業向け情報サービスの大手オービックを例に見てみましょう。同社の2020年3月期の自己資本比率は、90.1％と非常に高い水準にあります。これは、売上が好調なことに加えて売上高営業利益率が53.7％と高いことにより、純資産の構成要素である利益剰余金が積み立てられているからです。利益率が高いのは、営業・開発・保守サポートに至るまですべて自社で行うのが理由。**システムインテグレーター**事業の場合、保守サポートは外注されることが多いのですが、ここでも業務プロセスの蓄積が見込めるために自社で行って差別化し、利益につなげているのです。また、**施設・設備が不要で外注が少ないため、資金需要が少ないことも自己資本比率を高める要因になっています**。

## 純資産がたっぷりあって安心のオービック

■ 貸借対照表

（百万円）

流動負債　18,444

固定負債　7,758

負債・純資産合計
264,596

流動資産
141,160

純資産
238,392

自己資本

資産合計
264,596

固定資産
123,435

（2020年3月期決算短信より作成）

238,392÷264,596
×100＝90.09
→90.1％
（自己資本比率）

貸借対照表の「負債の部」と「純資産の部」を見れば、自己資本比率が全体のどれくらいかすぐにわかるよ。オービックは純資産が多く自己資本比率が90.1％のため、借入に頼る必要性のない安全性の高い企業であることがわかるね

# 04 有形固定資産が活用されているか 有形固定資産回転率

建物や土地などの形のある資産を有形固定資産といいます。無印良品でおなじみの良品計画を参考にその回転率を見てみましょう。

**企業が保有する有形固定資産がどれだけ有効活用しているかを測る指標に有形固定資産回転率があります。**有形固定資産とは、建物や土地、機械、車両など形のある資産のこと。有形固定資産回転率は売上高を有形固定資産で割って求めます。一般的に**回転率が高いほど固定資産を効率的に活用しており、回転率が低いほど固定資産が効率的に活用されていない可能性がある**とされます。ただし、例えば企業が一時的に多額の設備投資を行って有形固定資産が増え、その期の有形固定資産回転率が低下する場合もあります。

## 物流センターの数を抑えて資産回転率を高める

有形固定資産を必要以上に増やさないことで、分母の値を低くして資産回転率を高めることができる。

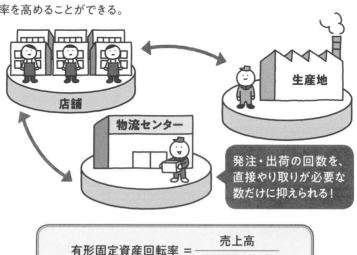

店舗

生産地

物流センター

発注・出荷の回数を、直接やり取りが必要な数だけに抑えられる！

$$有形固定資産回転率 = \frac{売上高}{有形固定資産}$$

72

ここでは無印良品などを展開している良品計画を例に見てみましょう。同社の 2020 年 2 月期の有形固定資産は 824 億 6300 万円で、前期の 461 億 6700 万円から大きく増えていますが、これは**リース**として経費処理をしていたものの一部を有形固定資産に計上するという財務表記上のルール変更によるもの。当期と前期の有形固定資産回転率を比べてみると、2020 年 2 月期の売上高は 4378 億円なので、有形固定資産回転率は 5.3 回。2019 年 2 月期の売上高は 4088 億円だったので有形固定資産回転率は 8.9 回になります。**小売業の平均が 5.7 回なので、前期の 8.9 回は非常に高い回転率**であり、有形固定資産が増えた当期は業界平均より少し低い数値になったことがわかります。

## 無印良品の有形固定資産回転率は?

### ☑ 貸借対照表
(百万円)

| 有形固定資産 | 2019 年<br>2 月期 | 2020 年<br>2 月期 |
|---|---|---|
| 建物及び構築物 | 54,752 | 63,337 |
| 機械装置及び運搬具 | 2,214 | 2,209 |
| 工具、器具及び備品 | 8,961 | 11,072 |
| 土地 | 1,907 | 1,866 |
| リース資産 | 68 | 61 |
| 使用権資産 | ― | 31,267 |
| 建設仮勘定 | 2,592 | 896 |
| 有形固定資産合計 | 46,167 | 82,463 |

(2020 年 2 月期決算短信より)

貸借対照表の「資産の部」の「固定資産」に有形固定資産があるよ。損益計算書の売上高で割って、回転率を調べよう

437,775÷82,463
=5.3%
（有形固定資産回転率）

### ☑ 業界別の平均回転率

| | 回転率 |
|---|---|
| 製造業 | 3.30 回 |
| 小売業 | 5.72 回 |
| 不動産業・物品賃貸業 | 0.59 回 |
| 宿泊業・飲食サービス業 | 1.67 回 |

(中小企業庁「中小企業実態基本調査」
(平成 30 年) より作成)

回転率を分析するときは業種や企業の規模によって違いがあるので注意しよう。当期の良品計画の回転率は小売業の平均としては少し低いことがわかるね

# 05 企業の収益性がわかる 売上原価率

一般的に原価が低いといわれている化粧品業界。利益率の高いこの業界の仕組みを売上原価率を見ながら確認しましょう。

**売上原価率とは、売上に対して売上原価の占める割合のことです。この率が低ければ原価が低いということなので、利益が多いということになります。** ただ、売上原価に何を計上するかは、企業によって考え方が異なるので他社と単純に比較できない場合もあります。ここでは大手化粧品メーカーの資生堂を見てみましょう。化粧品業界の売上原価率は20〜30%が一般的で、同社は22.5%（2019年12月期）です。売上原価率を下げるには、原価を下げるか、付加価値をつけて販売価格を高くする必要がありますが、化粧品業界では後者が一般的です。

## ブランディングで販売価格をアップ

売上原価が同じでも、販管費を多くつぎこんでブランディングを重視することで、販売価格を上げれば、売上原価率は低くなる。

$$売上原価率 = \frac{売上原価}{売上高} \times 100$$

売上原価率が低い一方で、**化粧品は嗜好品なのでブランディング戦略が非常に重要なため、同社は広告宣伝とコンサルティングセールスといった販管費が高くなる傾向にあります**。その理由はターゲットが嗜好するあらゆる媒体に多数広告することに加えて、店頭説明販売員の人件費負担が大きいから。具体的には、百貨店や化粧品専門店などの**対面販売**で商品知識のある店員がコンサルティングサービスを行い、ユーザー個々のニーズをくみ取りながら提案をし、高単価商品を販売することで成り立っているためです。この販売員は同社が派遣しているので人件費を負担しなければならず、必然的に販管費が高くなるのです。逆に、セルフ販売の多い化粧品メーカーは販管費が低く抑えられる反面、販売単価が低い分、売上原価率が高くなります。

## 売上原価率がとても低い化粧品業界

📋 **資生堂の損益計算書** （百万円）

| | |
|---|---|
| 売上高 | 1,131,547 |
| 売上原価 | 254,844 |
| 売上総利益 | 876,703 |
| 販売費及び一般管理費 | 762,871 |
| 営業利益 | 113,831 |
| 営業外収益 | 5,674 |
| 経常利益 | 108,739 |
| 特別損失 | 5,465 |
| 税金等調整前当期純利益 | 107,378 |
| 法人税等合計 | 30,076 |

（2019年12月期決算短信より）

➡ 254,844÷1,131,547
×100＝22.5%
（売上原価率）

> 売上原価率が低く、「販売費及び一般管理費」に含まれる広告宣伝費や販売促進費などのマーケティング費が高いのが化粧品業界の特徴だよ

> イメージが重要な商品のため、広告費が上がるほど売上が伸びやすい！

### One point

理想的な売上原価率は30％といわれていますが、実際には難しく、50％以上の業種がほとんどです。化粧品業界の特異性がわかります。

# 06 企業の採算性がわかる 売上高販管費率

経費が効率的に収益に結びついているかがわかる売上高販管費率。ファミレス業界で特に低いサイゼリヤのコスト管理を見てみましょう。

**企業が商品を販売したり、一般管理を行うために必要な費用のことを販売費及び一般管理費（販管費）といいます。この販管費が、売上高に対してどれだけ占めているかを見る指標が売上高販管費率です。** 売上高販管費率は販管費を売上高で割って求められます。一般的に売上高販管費率が低いほど企業の採算性がいいことを示しています。逆に売上高販管費率が高い場合は、費やしている経費が効率的に収益に結びついていないといえます。

## 販管費を抑えて高品質商品を低価格で

他店と同レベルの原材料でも販管費を低くおさえるため、結果として原価率が上がる。

販管費が低いから安く提供できる！

販管費ダウン

人件費の削減　賃料の削減　ガス代の削減　広告費の削減　キャッシュレス非対応

$$売上高販管費率 = \frac{販売費及び一般管理費}{売上高} \times 100$$

ここではファミリーレストラン大手の**サイゼリヤ**を例に見てみましょう。同社の2019年8月期の売上高は1565億円、販管費は907億円でした。**売上高販管比率は57.9％で、同業のロイヤルホストの68.1％、すかいらーくの63.1％と比べると低く抑えられているのがわかります**。その一方で、サイゼリヤの原価率は36.0％で他社より高くなっています。これは、サイゼリヤが**セントラルキッチン**方式の導入や原材料の内製をして**原価率**を下げる努力はしているのですが、売価の低いことが影響していると考えられます。それでも売上高販管比率が低いのは、販管費率が低いからなのです。

## 販管費を低くして利益を上げるサイゼリヤ

☑ 損益計算書

（百万円）

| | 2018年8月期 | 2019年8月期 |
|---|---|---|
| 売上高 | 154,063 | 156,527 |
| 売上原価 | 56,268 | 56,277 |
| 販売費及び一般管理費 | 89,154 | 90,651 |

（2019年8月期決算短信より）

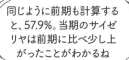

90,651÷156,527
×100＝57.9％
（売上高販管費率）

他のファミレスと比べてみると、サイゼリヤの売上高販管費率が低いことがわかるね。販管費に含まれる人件費を徹底的に削減することで利益を生み出しているんだよ

同じように前期も計算すると、57.9％。当期のサイゼリヤは前期に比べ少し上がったことがわかるね

（ロイヤルホスト：2019年12期決算短信、すかいらーく：2019年12期決算短信、サイゼリヤ：2020年8月期決算短信より作成）

☑ 同業他社の売上高販管費率との比較

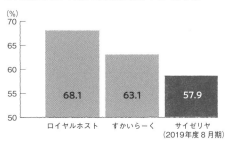

（%）

| ロイヤルホスト | すかいらーく | サイゼリヤ |
|---|---|---|
| 68.1 | 63.1 | 57.9 |

（2019年度8月期）

# 07 企業の在庫効率がわかる 棚卸資産回転日数

在庫が何日かかって1回転するのかがわかる棚卸資産回転日数。
ビックカメラを例に在庫管理の効率性を見てみましょう。

**棚卸資産回転日数とは、棚卸資産（在庫金額）を1日あたりの売上原価で割って算出します。言い換えれば、在庫が何日かかって1回転するかという在庫管理の効率性がわかります。**企業が保有している商品や製品、半製品、仕掛品、原材料、貯蔵品などの総称を棚卸資産といいます。これは、貸借対照表の「資産の部」の「流動資産」の中に記載されています。棚卸資産回転日数の数値が小さければ、少ない日数で在庫が回転するので効率がいいといえます。**在庫効率**の低下はキャッシュ・フローに悪影響があるので、重要な指標の1つといえるでしょう。

## 在庫と回転率

棚卸資産回転率によって、在庫管理の効率性を見ることができる。

低 ←――― 在庫効率 ―――→ 高

多 ←――― 棚卸資産回転日数 ―――→ 少

あまり売れてないな

商品が売れるペースが速いから在庫の保管場所をあまりとらない！

在庫が多く、長期的に売る必要がある。

在庫が少なく、短時間で多数の商品が売れている。

$$棚卸資産回転日数 = \frac{棚卸資産}{(売上原価 \div 365)}$$

たとえば、**ビックカメラの棚卸資産回転日数は72日分ですが、同業他社であるヤマダ電機は122日分なので、いかに同社の在庫効率が高いかがわかります**。同社が効率のいい在庫管理から多くの売上を生み出している要因は店舗戦略にあります。同社の店舗は**駅前立地型**なので来店客数が多く、店舗当たりの売上高が非常に大きくなります。この場合、短時間に多数の商品が売れるので必然的に在庫の回転が速くなるのです。これに合わせて在庫管理を行えば、棚卸資産回転日数は改善されます。しかし、駅前立地は家賃が高く、来店客数が多いと店員数も増えて販管費が上がり、郊外型より運営が高コストになりがち。そのため、在庫効率を上げる必要があるのです。

## ビックカメラとヤマダ電機で比べてみよう

$$127{,}954 \div (650{,}576 \div 365) = 71.79（棚卸資産回転日数）$$

（百万円）

| | 貸借対照表 | 損益計算書 | |
| --- | --- | --- | --- |
| | 商品及び製品（棚卸資産） | 売上原価 | 営業利益 |
| ビックカメラ | 127,954 | 650,576 | 22,943 |
| ヤマダ電機 | 384,247 | 1,150,885 | 38,326 |

（ビックカメラ：2019年8月期決算短信よりヤマダ電機：2020年3月期決算短信より作成）

※営業利益÷売上高×100

### 棚卸資産回転日数

| ビックカメラ | ヤマダ電機 |
| --- | --- |
| 72日 | 122日 |

### 営業利益率

| ビックカメラ | ヤマダ電機 |
| --- | --- |
| 2.6% | 2.4% |

ビックカメラのほうが回転日数が少なく、効率がいいことがわかるね。これは、ビックカメラは都市部に、ヤマダ電機は郊外に多く店を展開している立地戦略による違いにもよるよ

営業利益率を比べてみると、ビックカメラのほうが高くなっているね。ビックカメラのほうがヤマダ電機よりも収益性が良いことがわかるよ

# 08 短期的な支払い能力がわかる流動比率

流動性とは債務を返す能力であり、高いほど会社が潰れるリスクが小さくなります。バンダイナムコはなぜ高いのか見ていきましょう。

企業の短期的な支払い能力（短期安全性）を示す指標に流動比率があります。**流動比率は、1年以内に現金化できる資産（流動資産）が、1年以内に返済すべき負債（流動負債）をどれだけ上回っているかを表します**。流動性が高ければ債務返済能力が高く、倒産の可能性は低いといえます。業種や会社の規模などによって違いますが、一般的に流動比率が120％以上あれば短期的な資金繰りには困らないとされ、100％を下回っている場合は支払能力に不安があるとされます。

## 流動比率は業種によっても違う

流動比率が低い企業は短期的な支払能力が乏しいと判断される。 流動資産と流動負債のバランスを見て無理なく支払いをすることが大切。

返済

原預金や売掛金の回収で買掛金の支払いや短期借入金を返済

原預金

売掛金回収

融資

一般的には120％あれば安心ともいわれるが、鉄道業は50％あれば安心で、反対に病院・介護業は120％あっても資金繰りが厳しい場合がある。業種・業界によって基準は違う！

$$流動比率 = \frac{流動資産}{流動負債} \times 100$$

大手玩具メーカーのバンダイナムコホールディングスは2020年3月期、減収減益になりましたが、営業利益率は10%以上あって高収益でした。さらに、もともと有利子負債のない**無借金経営**だったため流動負債が少なく、流動比率は269.2%と高くなっているのです。つまり、短期的には資金が豊富にある安全性の高い企業だということがわかります。同社は1つひとつのコンテンツを、テレビ、ゲーム、グッズなどさまざまなメディアを組み合わせて展開する**メディアミックス**を得意としています。中にはロングセラーになるコンテンツも数多く存在し、それらが積み重なって安定した収益を確保することに貢献しています。

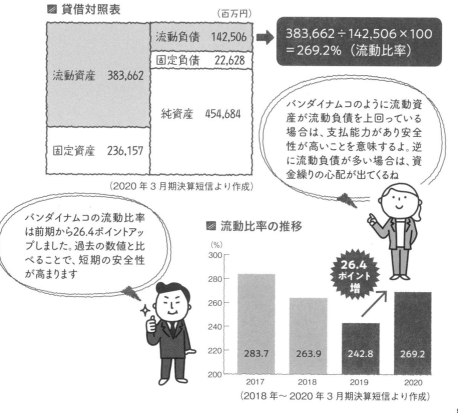

## 借金の心配のいらないバンダイナムコ

☑ 貸借対照表　　　　　　　　　（百万円）

| 流動資産　383,662 | 流動負債　142,506 |
| | 固定負債　22,628 |
| | 純資産　454,684 |
| 固定資産　236,157 | |

➡ 383,662÷142,506×100
＝269.2%（流動比率）

（2020年3月期決算短信より作成）

バンダイナムコのように流動資産が流動負債を上回っている場合は、支払能力があり安全性が高いことを意味するよ。逆に流動負債が多い場合は、資金繰りの心配が出てくるね

バンダイナムコの流動比率は前期から26.4ポイントアップしました。過去の数値と比べることで、短期の安全性が高まります

☑ 流動比率の推移

（%）

| 2017 | 2018 | 2019 | 2020 |
|------|------|------|------|
| 283.7 | 263.9 | 242.8 | 269.2 |

26.4
ポイント
増

（2018年～2020年3月期決算短信より作成）

81

## 09 すべての資本でどれだけ稼いだかがわかる ROA

経営の上手さがわかる ROA。「価格 .com」や「食べログ」を
運営するカカクコムの ROA を分析してみましょう。

利益を得るために、資産がどれだけ効率的に使われているかを表す
総合的な財務指標に ROA があります。**ROA とは総資産利益率のこと
で、総資産 ( 総資本 ) に占める利益の割合を示す数値です。**利益は当期
純利益の他、経常利益や営業利益で計算することもあります。ROA
を改善するには利益率を上げる必要があり、売上を上昇させてコス
トを抑えることが一般的です。日本企業の ROA は5% 程度が目安で、
10% を超えていると優秀と判断されます。ただし、業種によって基
準が変わるため、同業種の水準と比較する必要があります。

## ROAの式を分解すると……

ROA は資産回転率と売上高利益率を掛け合わせたもので、 どちらかが上が
れば ROA も上がる。 当期純利益を前期末と期末の平均総資産で割り算出
する。

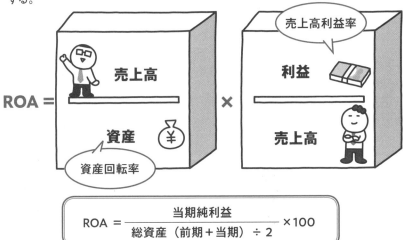

82

「価格.com」などを運営しているカカクコムの2020年3月期の
ROAは32.0％でした。同社は**IT系の業種なので、総資産に占める設備
の割合は2％程度しかありません。つまり、総資産が大きくならない傾向が強
い**のです。また、同社が運営するようなウェブサイトは運営コストが
ユーザー数とほとんど関係ない。言い換えれば、人気サイトができ
れば非常に高い収益性を実現できます。さらに、同社の特徴として
広告宣伝費の低さが挙げられるでしょう。「価格.com」や「食べログ」
に代表されるサイトは口コミで広がるため、コストのかかる宣伝を
する必要がないのです。在庫・設備投資が必要ない中でこれらのヒッ
トコンテンツを得たことが、ROAを押し上げている要因です。

## 高いROAを維持するカカクコム

☑ 貸借対照表

(百万円)

|  | 2019年3月期 | 2020年3月期 |
|---|---|---|
| 流動資産 | 36,629 | 39,115 |
| 固定資産 | 14,613 | 24,201 |
| 資産合計 | 51,242 | 63,317 |

（2020年3月期決算短信より）

☑ 損益計算書

(百万円)

| 売上収益 | 60,978 |
|---|---|
| 営業費用 | 33,698 |
| 営業利益 | 27,217 |
| 当期利益 | 18,348 |

（2020年3月期決算短信より）

18,348÷（51,242＋63,317÷2）
×100＝32.03％（総資産利益率）

インターネットサイトを運営する企業は、設備投資のコストが低いため、ROAが比較的高め。カカクコムは営業利益率も高く、ROAが突出しているのがわかるね

日本でのROAは5％程度が目安で、10％前後あれば優秀といわれている。業界によっても数値が変わるので、同業種と比較してみよう

☑ 業界別ROAの平均

| インターネットサイト | 5.94％ | 自動車 | 4.71％ |
|---|---|---|---|
| アパレル | 6.82％ | 通信 | 7.17％ |
| 飲食店 | 6.20％ | 建設・土木 | 4.19％ |

参考：日本経済新聞（https://www.nikkei.com/）
「業界動向（主要企業の数値を日経が独自集計）」

# 10 自己資本でどれだけ 稼いだかがわかる ROE

前ページの ROA では「資産」の活用性を見ていきましたが、ROE は株主から集めた「自己資本」から収益性を探ります。

**ROE とは自己資本利益率のことで、自己資本に対してどれだけ利益が生み出されているのかを表しています**。この数値が高いということは、それだけ自己資本を効率的に活用していることになり、低ければ経営効率が悪いといえます。言い換えれば、借金をしてでも自己資本に**レバレッジ**を利かせて大きな利益を生み出せば数値は上がるので、利益からリターンを得る**投資家**目線の数値なのですが、分母は株主資本だけではありません。自己資本はその他の包括利益累計額（株主資本に資産や負債の含み損益）を加えたものになります。

## ROAを上げればROEも上がる

自己資本比率を下げれば簡単にROEは上がるが、もちろん安全性は下がる。ROA全般を高めて堅実な経営をすることが大事。

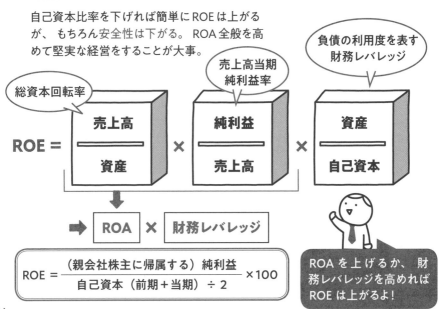

総資本回転率

売上高当期純利益率

負債の利用度を表す財務レバレッジ

$$ROE = \frac{売上高}{資産} \times \frac{純利益}{売上高} \times \frac{資産}{自己資本}$$

➡ ROA × 財務レバレッジ

$$ROE = \frac{（親会社株主に帰属する）純利益}{自己資本（前期＋当期）÷ 2} \times 100$$

ROA を上げるか、財務レバレッジを高めれば ROE は上がるよ！

ファッション通販サイト「ZOZOTOWN」を運営する ZOZO の ROE の数値は 65.9%で、通常 ROE の目安 ( 目標 ) は 8%以上といわれていますから、これは非常に高い数値だといえます。**一般的に ROE を上げるためには、利益を上げることや自己資本を下げることが有効です。**同社はもともと利益率が高いこともあり、**自社株買い**をすることで自己資本を下げる施策をとりました。実際に、同社の自己資本比率は前々期から前期にかけて、57.7%から 28.6%に下がっています。自社株買いは、配当金の配布先が減るので株主にとっては歓迎するべきことです。ROE の改善は、本来利益の上昇で行うことが望ましいのですが、こういった背景もあって自社株買いをする企業が増えています。

## ROE の暴落を防いだ ZOZO

☑ 貸借対照表〈純資産の部〉

（百万円）

| | 2019 年 3 月期 | 2020 年 3 月期 |
|---|---|---|
| 株主資本 | 22,528 | 34,616 |
| その他の包括利益累計額合計 | 17 | △ 83 |
| 自己資本合計 | 22,656 | 34,534 |

（2020 年 3 月期決算短信より作成）

☑ 損益計算書

（百万円）

| 売上高 | 125,517 |
|---|---|
| 売上原価 | 11,780 |
| 営業総利益 | 113,737 |
| 当期純利益 | 18,804 |

（2020 年 3 月期決算短信より）

18,804÷{（22,528+17）+（34,616−83）÷2}×100 =65.9%（自己資本利益率）

2019年に純利益が急落したが、ROEは7%減でとどめることができたのは、2018年に自社株買いをしたことで自己資本を減らしたからだよ

☑ ROE と純利益の推移

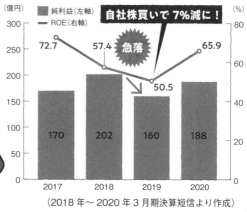

自社株買いで 7%減に！

| | 2017 | 2018 | 2019 | 2020 |
|---|---|---|---|---|
| 純利益（左軸） | 170 | 202 | 160 | 188 |
| ROE（右軸） | 72.7 | 57.4 | 50.5 | 65.9 |

急落

（2018 年～ 2020 年 3 月期決算短信より作成）

# セグメント情報とは?

　決算書を読み解く上で、セグメント情報に注目したほうがよい場合があります。セグメントとは、断片や部分という意味の英語で、会計用語でのセグメント情報とは、売上や資産などの財務情報を事業単位に分けたもののことです。例えば、飲食店事業と不動産事業などの複数の事業を行っている企業や、製造部門と販売部門などをそれぞれ関連会社で行っている企業の場合、セグメント情報を見ることで、事業ごとの収益性を把握することが可能です。セグメント情報には、前述の事業別セグメントの他に、国や地域ごとに分類した地域別セグメントもあります。

事業ごとの業績を的確に判断するためには、セグメント情報をチェックしなければいけません。

# 明治ホールディングス株式会社　セグメント情報

（2020年3月期の決算短信）

| | 報告セグメント | | 合計 | 調整額 | 連結財務諸表計上額 |
| --- | --- | --- | --- | --- | --- |
| | 食品 | 医薬品 | | | |
| 売上高<br>（1）外部顧客に対する売上高 | 1,048,963 | 203,742 | 1,252,706 | － | 1,252,706 |
| （2）セグメント間の内部売上高又は振替高 | 596 | 611 | 1,207 | △ 1,207 | － |
| 計 | 1,049,559 | 204,354 | 1,253,914 | △ 1,207 | 1,252,706 |
| セグメント利益 | 87,340 | 15,982 | 103,332 | 614 | 102,708 |
| セグメント資産 | 705,346 | 271,809 | 977,155 | 21,481 | 998,637 |

　1991年3月期よりセグメント情報の公開が義務化されたので、決算書にはセグメント情報が記載されています。ここで例として掲載したのは、明治ホールディングス株式会社のセグメント情報です（2020年3月期のキャッシュ・フロー計算書）。"「食と健康」のプロフェッショナル"と謳う明治ホールディングスには、食品セグメントとして株式会社明治、医薬品セグメントとして Meiji Seika ファルマ株式会社と KM バイオロジクス株式会社があります。決算書のセグメント情報においても、食品と医薬品に分けられて、売上高、利益、資産などのデータが記載されています。

# Chapter

# 4

kessansyo
mirudake notes

# 成長企業の
# 決算書を見てみよう

この章では、不況といわれる今の時代でも業績を伸ばしている企業について、決算書からその好調の理由を分析します。任天堂やソフトバンク、ニトリなど誰もが知っている企業は、どのようにして成長しているのでしょうか?

# 01 テレワークの浸透と PC 特需で好調な NEC

日本電気（NEC）はパソコン事業だけではなく、電子カルテなどの医療事業なども手がけることで、収益力を成長させています。

日本電気（NEC）の 2020 年 3 月期の純利益は前期から 152％増の 999 億円で、23 年ぶりに過去最高益を更新しました。これは、前年度に**人員削減や工場の再編などといった構造改革を推し進めたことで増益効果が出た**形です。また、売上収益が前期より 6.2％増加しているのは 2020 年 1 月の **Windows 7 のサポート終了による買い替えや、新型コロナの影響によるテレワークの増加でパソコンの需要が旺盛になったこと**が要因です。また、テレワークの環境を整える必要性からパソコン周辺機器の販売も好調に推移して売上を後押ししました。

## 増収増益の主な要因

工場の再編

家で仕事をするために通信環境を整えよう！

希望退職

**❶構造改革**
2018 年に工場を再編し、3000 人の希望退職者を募って構造改革を実施。固定費が減少したことで大幅な増益となった。

**❷テレワーク需要**
テレワークの拡大に伴い、セキュリティー対策関連のサービスの需要が増加。5G に対応する通信機器や医療機関向けの電子カルテの需要も高まった。

Windows 7 → NEW

NEC だけに限らず、PC 市場全体が「テレワーク特需」により業績が好調となっているよ

**❸Windows 7の買い替え需要**
パソコンの基本ソフト「Windows 7」のサポート終了に伴い、更新需要や関連サービスの需要が伸びた。

注目すべきは、**セグメント別の売上収益、営業利益ともにすべての事業で増収増益している点です**。売上収益を見ると、もっとも伸びたのは自治体向けや医療向けのITサービスなどの「社会公共」で、前期比13.4％増でした。次いで「ネットワークサービス」が前期比10.8％増、ビジネスPCを中心に伸びた「システムプラットフォーム」が前期比9.7％増と、いずれのセグメントも好調でした。とくに、医療機関でオンライン診療のシステム導入が進み始めたことや、**5G**に対応した通信機器の供給が開始されることなど、**将来に大きな期待のできる分野に強みがあることは、今後の収益向上につながっていく**と考えられます。

## すべての事業で売上収益がアップ

◪ セグメント別の業績

(百万円)

| | 2019 年 3 月期 | | 2020 年 3 月期 | |
|---|---|---|---|---|
| | 売上収益 | 営業利益 | 売上収益 | 営業利益 |
| 社会公共 | 286,151 | 7,239 | 324,608 | 18,602 |
| 社会基盤 | 621,879 | 45,358 | 631,140 | 53,857 |
| エンター プライズ | 431,801 | 35,807 | 455,508 | 37,154 |
| ネットワークサービス | 460,307 | 20,677 | 509,832 | 38,207 |
| システム プラット フォーム | 500,213 | 20,078 | 548,692 | 48,859 |
| グローバル | 409,369 | △ 22,517 | 493,761 | △ 3,752 |

(2020 年 3 月期決算短信より作成)

セグメント情報は会社の売上や利益を事業単位でまとめた財務情報。NECは事業を主に6つに分けているね

特に増益となったのが自治体向けや医療向けITサービスの「社会公共」。ビジネスPCの販売を中心とする「システムプラットフォーム」も伸びているね

# 02

# 任天堂はなぜゲーム業界で
# 安定した経営を続けられるのか？

歴史あるゲーム会社、任天堂。苛烈な生き残り競争の続くゲーム業界で、増収増益の結果を出すことができる、その理由とは？

任天堂の 2020 年 3 月期の決算は、売上高が 1 兆 3085 億円（前期比 1079 億円増）、営業利益は 3523 億円（同 1026 億円増）と前期を大きく上回りました。増収増益の大きな要因として、新型コロナによる**巣ごもり需要**があります。もちろん、**先に発売していたゲーム機の「Switch」が一定程度普及していたことに加えて、魅力のあるソフトがベストタイミングで発売された**という背景はあるでしょう。とくに、「ポケットモンスター ソード・シールド」（1737 万本）や「あつまれ どうぶつの森」（1177 万本）などは、記録的な販売本数になっています。

## 巣ごもり消費でゲームの売上大幅増

新型コロナウイルスによる外出規制により、2019 年 9 月に発売した携帯型ゲーム機「Switch Lite」と、従来の「Switch」の売上が大幅に拡大しました。

寝室に持ち込んで遊んだり、「スイッチ」のソフトもそのまま遊べる！

Switch 向けソフトウェアの出荷数は 3 億 5624 万本（2020 年 3 月）

**「Switch Lite」が大人気**
据え置き型よりも小さく値段も安い携帯型ゲーム機「Switch Lite」が増収増益に大きく貢献した。

**ソフトの売上も増**
「Lite 効果」により Switch 専用ソフトの売上も上昇。デジタル（ダウンロード）販売の好調で、販売数は 1 億 6872 本に。前期と比べ 42.3％増えた。

従来の**据え置き型**ゲーム機「Switch」の販売台数は前期から12.5%
減ながらも新たに**携帯型**の「Switch Lite」が発売されたことで、**ハー
ドウェア**の販売台数は前期より24.0%増加。とくにアメリカでは、
新たなゲームのスタイルとして受け入れられたこともあって、販売
台数が大きく伸びました。しかし、**ハードウェアは利益よりも普及させ
る目的で利益率は低く設定し、開発費がかかっても、完成すれば低いコスト
で大量生産が可能で利益率が高いソフトウェアで利益を上げる**というのが
同社のビジネスモデル。そのため、ハードウェアの売上アップより
もソフトウェアの売上が伸びたことのほうが重要なポイント。つま
り、当期の同社は先に挙げたソフトウェアが高い営業利益を生み、
それにハードウェアの微増が加わった形だといえます。

## ハードウェアとソフトウェアの Nintendo Switchの販売台数は？

決算短信にはゲームの販売実績が記載されている。増収増益の要因となっ
た「Switch」シリーズの販売台数を見てみよう。

◪ 販売数量の前期比

(万台・万本)

| | 2019 | | 2020 |
|---|---|---|---|
| ハードウェア | 1,695 | ➡ +24.0% | 2,103 |
| → Nintendo Switch | 1,695 | ➡ −12.5% | 1,483 |
| → Nintendo Switch Lite | | | 619 |
| ソフトウェア | 11,855 | ➡ +42.3% | 16,872 |

(2020年3月期決算説明資料より作成)

ハードウェアの種類を
増やして普及させ、
ソフトで稼ぐやり方が
任天堂の基本的な
ビジネスモデルだよ

ソフトウェアの
販売数が42.3%も増え、
もっとも伸びている
ことがわかるね

Switchの販売台数だけで
比べるとマイナスだが、
Liteが補ってシリーズ全体の
販売台数を増やしているね

# グループ全体では赤字でも
# 単体では増収増益のソフトバンク

**03**

大手通信会社の1つであるソフトバンク株式会社は、グループ全体の経営が苦境に立たされている中、好調を維持しています。

ソフトバンクグループの傘下で、携帯電話を中心とした通信事業を行っているのがソフトバンク株式会社です。グループ全体では2020年3月期の決算で最終赤字が9615億円になりましたが、ソフトバンク株式会社単体では増収増益でした。売上高が前期比4％増の4兆8612億円、営業利益が同11％増の9117億円となり、通信事業単独でドコモの利益を抜きました。

## 好調なソフトバンクの4つの取り組み

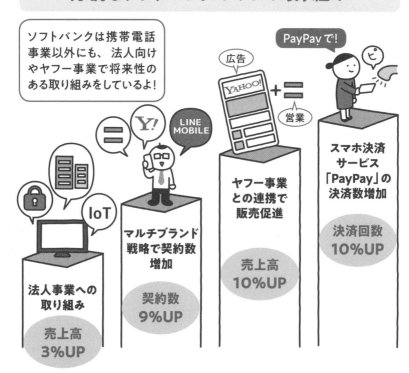

ソフトバンクは携帯電話事業以外にも、法人向けやヤフー事業で将来性のある取り組みをしているよ！

**法人事業への取り組み** 売上高 3％UP

**マルチブランド戦略で契約数増加** 契約数 9％UP

**ヤフー事業との連携で販売促進** 売上高 10％UP

**スマホ決済サービス「PayPay」の決済数増加** 決済回数 10％UP

セグメント別に見ると、主力の通信事業が増益。**個人向けの通信サービスや携帯電話販売などのコンシューマ事業の売上高が前期比 0.6％増の 2 兆 6967 億円、営業利益が同 3.2％増の 6473 億円でした。**「ソフトバンク」ブランドを中心に、**格安スマホ**のワイモバイル、LINE モバイルの 3 ブランドの**スマートフォンの累計契約数は、前期比 9％増の 2413 万件。**幅広い顧客を取り込んだ上に、解約数の減少によって増収増益となりました。さらに、大きく伸びたのが、2019 年 6 月に子会社化したヤフー事業で、売上高は 1 兆円を超えました。同年 11 月に買収した ZOZO も含めて増収増益に貢献しています。

## すべてのセグメントで増収に

### ◪ セグメント情報

（百万円）

| | 2019 年 3 月期 | | 2020 年 3 月期 | |
|---|---|---|---|---|
| | 売上高 | セグメント利益 | 売上高 | セグメント利益 |
| コンシューマ | 2,680,476 | 627,436 | 2,696,687 | 647,270 |
| 法人 | 620,483 | 76,348 | 638,876 | 83,607 |
| 流通 | 417,297 | 15,182 | 482,441 | 17,164 |
| ヤフー | 954,426 | 135,921 | 1,052,942 | 152,276 |
| 合計 | 4,672,682 | 854,887 | 4,870,946 | 900,317 |
| 連結 | 4,656,815 | 818,188 | 4,861,247 | 911,725 |

（2020 年 3 月期決算短信より作成）

増収増益の要因は
セグメント情報を見るとわかるよ。
前期の数字と見比べてみよう！

すべてのセグメントの数値が
上がっているね！
売上高はコンシューマが 162 億円、
ヤフーが 985 億円の増収だ

# 04

## 33期連続増収増益の
## ニトリのビジネスモデルとは？

日本の家具・インテリア事業を代表するニトリホールディングス。コロナ禍でも増益を続けるニトリの強さの仕組みに迫ります。

33期連続の増収増益という驚異的な数字を達成した**同社の利益のベースは、既存店売上が増え続けていること**。少なくとも過去5年間にわたり、**新店効果**に頼らずに既存店の売上（前年比2.7〜5.5％増）・客数（前年比0.8〜5.5％増）が前年を上回っています。さらに、過去3年間は売場販売効率も上昇。これは**商品開発力が向上したことや魅力ある売場づくりに長けているから**だといえます。また、粗利高も前期比6.9％増加しており、商品パーツの共有化などといったコストダウンに取り組んだ結果です。

## ニトリの儲けのカギは「製造物流小売業」

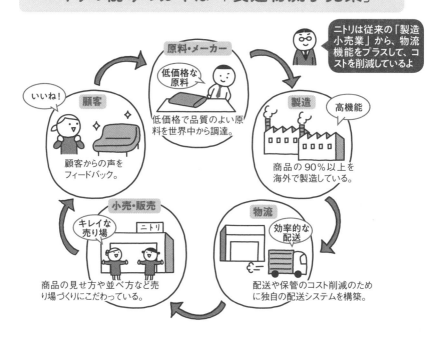

ニトリは従来の「製造小売業」から、物流機能をプラスして、コストを削減しているよ

**原料・メーカー**
低価格な原料
低価格で品質のよい原料を世界中から調達。

**製造**
高機能
商品の90％以上を海外で製造している。

**物流**
効率的な配送
配送や保管のコスト削減のために独自の配送システムを構築。

**小売・販売**
キレイな売り場
ニトリ
商品の見せ方や並べ方など売り場づくりにこだわっている。

**顧客**
いいね！
顧客からの声をフィードバック。

店舗数は 100 店舗（2004 年 2 月期）を超えたあたりから急激に増加しており、この時期から**店舗・立地開発力が格段に高まったと考えられます。近年では小型店やショップ・イン・ショップなど、店舗のバリエーションを広げることでさらに出店を加速**。また、同社は「生産物流 IT 小売業」を標榜しており、物流や通信販売のシステムなどの構築に力を入れているのも特徴。これまでに国内の在庫型**物流センター** 11 拠点のうち、4 拠点を自社運営し、積み替え・通過型物流センターを 17 拠点確保しています。IT 分野では、蓄積データとデジタルトランスフォーメーションにより、EC サイトの運営・クーポンの発行・SNS の発信を行い、**店舗や既存の PR ツールと融合させて 1to1 マーケティングを推進し、シナジーによる売上・利益の向上につなげよう**としています。

## 既存店の売上も好調のニトリ

■ 損益計算書

（百万円）

|  | 2019 年 2 月期 | 2020 年 2 月期 |
|---|---|---|
| 売上高 | 608,131 | 642,273 |
| 売上総利益 | 331,421 | 354,364 |
| 販売費及び一般管理費 | 230,642 | 246,886 |
| 営業利益 | 100,779 | 107,478 |
| 経常利益 | 103,053 | 109,522 |
| 当期純利益 | 68,180 | 71,395 |

（2020 年 2 月期決算短信より）

■ 発生売上高前年比

（2020 年 2 月期決算説明会資料より作成）

売上高が伸びても既存店の売上は?

売上高は前期より 341 億円増えているね。でも、来客数が伸びたからなのか、店舗数が増えただけなのか、これだけだとよくわからないね

ニトリは店舗数を前期より 31 店増加させているけど、既存店売上高は安定していて問題がないことがわかるね

# 05 海外市場が好調で 増収増益の SUBARU

国内販売は減少している自動車メーカーの SUBARU ですが、アメリカ市場で「フォレスター」や「アセント」などの販売が好調です。

SUBARU の 2020 年 3 月期の売上収益は 3 兆 3441 億円（前期比 6.0％増）、営業利益 2103 億円（同 15.7％増）と増収増益でした。**業績が順調な理由は、主力商品である自動車の販売台数が増えたこと**によるもの。**グローバル**合計では、約 103 万台を販売。これは前期より約 3 万 3000台の増加です。日本では小型車の販売が落ち込んだため約 1 万台減少した一方で、**主力となるアメリカ市場では約 4 万 1900 台増えました。**欧米・豪州・ロシアなど、中国を除く各地域でも堅調に伸びています。

## 海外市場で人気のスバル車

国内での自動車販売台数は減少の一方ですが、海外で販売台数を伸ばしているため、増収増益となった。

フォレスターがかっこいい！

アセントもすてき！

車は別にいらないや…

**市場低迷で業績が落ち込む日本**
国内市場では販売が落ち込み売上高が減少。その理由に、日本での個人消費の伸び悩みや少子高齢化などがある。

**海外市場で売れる車を製造**
スバルはアメリカに重点をおき、グローバルモデルの開発を進めた。「フォレスター」や「アセント」をイメージチェンジし販売は好調に。安全性が支持され、高い評価を得ている。

営業利益が前期に比べて**15.7％上昇しているのは、主に販売奨励金抑制・研究開発費の減少によるもの**です。アメリカで利益の大きい大型車の販売台数が伸びた上に、販売奨励金が1台あたり500ドル減少したことにより、約285億円を削減。**研究開発費が減少したのは、当期から国際会計基準が適用されたことが原因**で、これまで費用計上されていた研究開発費の一部が資産計上されることになったため、161億円の減少につながりました。また、**大きなマイナス要因となっていたリコール問題が収束しつつあり、費用の負担が減少している**ことも利益伸長に貢献しました。一方で、米ドルによる約2円の為替差損が発生したため、当期利益の伸びは抑えられました。

## 国ごとに販売台数を見てみよう

◪ 販売台数 （千台）

| | 2019年3月期 | 2020年3月期 |
|---|---|---|
| 登録車 | 110.2 | 101.9 |
| 軽自動車 | 26.0 | 23.9 |
| 国内合計 | 136.2 | 125.8 |
| 米国 | 659.7 | 701.6 |
| カナダ | 56.8 | 60.4 |
| ロシア | 8.1 | 8.7 |
| 欧州 | 32.1 | 37.0 |
| 豪州 | 41.7 | 43.1 |
| 中国 | 22.8 | 20.6 |
| その他 | 43.3 | 36.7 |
| 海外合計 | 864.6 | 908.0 |
| 合計 | 1,000.8 | 1,033.9 |

◪ 損益計算書 （百万円）

| | 2019年3月期 | 2020年3月期 |
|---|---|---|
| 売上収益 | 3,156,150 | 3,344,109 |
| 販売費及び一般管理費 | △ 298,875 | △ 308,227 |
| 研究開発費 | △ 108,558 | △ 92,460 |
| 営業利益 | 181,724 | 210,319 |
| 税引前利益 | 186,026 | 207,656 |
| 当期利益 | 140,789 | 152,591 |

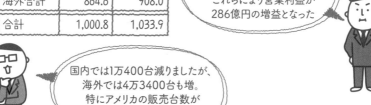

スバルの増収増益の1つに販売台数が伸びたことや、研究開発費の減少がある。これらにより営業利益が286億円の増益となった

国内では1万400台減りましたが、海外では4万3400台も増。特にアメリカの販売台数が上がっていることがわかるね！

（2020年3月期決算短信より）

4
成長企業の決算書を見てみよう

# 06 外食業界トップの 売上高を誇るゼンショー HD

「すき家」「はま寿司」「ココス」などの飲食チェーンを展開する
ゼンショー HD。他社のブランドとは違った戦略を見てみよう。

ゼンショーホールディングスの 2020 年 3 月期の売上高は 6304 億円（前期比 3.7％増）、純利益 119 億円（同 20.7％増）と、いずれも前期を上回りました。ゼンショー HD は **「すき家」をはじめとして多くの外食ブランドを展開していますが、牛丼市場などの競争は厳しい状態にあり、海外出店に軸足を移しています**。2019 年に **買収** したマレーシアのチキンライスレストラン「TCRS」も増収増益に貢献した要因となりました。当期の出店数は全ブランド合計で 419 店舗、うち国内は 75 店舗に対し海外は 344 店舗で、総店舗数は 9824 店舗にも及びます。

## ゼンショー HD の 3 つの事業

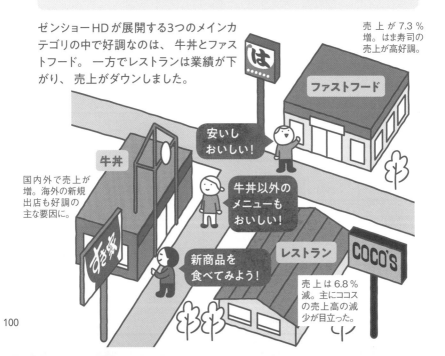

ゼンショー HD が展開する 3 つのメインカテゴリの中で好調なのは、牛丼とファストフード。一方でレストランは業績が下がり、売上がダウンしました。

売上が 7.3 ％増。はま寿司の売上が高好調。

ファストフード

安いしおいしい！

牛丼

国内外で売上が増。海外の新規出店も好調の主な要因に。

牛丼以外のメニューもおいしい！

すき家

新商品を食べてみよう！

レストラン

COCO'S

売上は 6.8 ％減。主にココスの売上高の減少が目立った。

ゼンショー HD では外食事業を、牛丼、レストラン、ファストフードの 3 事業に分けていて、「すき家」をはじめとする牛丼カテゴリーの売上高は、2197 億円 ( 前期比 2.5 ％増 ) でした。**外食事業で牛丼よりも伸びたのは、「はま寿司」をはじめとするファストフードカテゴリーで、売上高は 1500 億円ですが前期比 7.3 ％増となりました。**一方で、ファミレスの「ココス」やハンバーグ & ステーキレストランの「ビッグボーイ」、パスタ専門店の「ジョリーパスタ」などのレストランカテゴリーは前期比 6.8 ％減と振るいませんでした。さらに、米国、カナダ、オーストラリアで寿司のテイクアウト店を展開している「その他のカテゴリー」は、売上は 573 億円と前期比 39.6 ％増と大きく伸びており、今後の成長が期待できます。

# カテゴリーごとに売上高を見てみよう

## ◿ 損益計算書

(百万円)

| | 2019 年 3 月期 | 2020 年 3 月期 |
|---|---|---|
| 売上高 | 607,679 | 630,435 |
| 原価 | 261,226 | 267,680 |
| 販売費及び一般管理費 | 327,619 | 341,835 |
| 営業利益 | 18,834 | 20,918 |
| 経常利益 | 18,211 | 19,903 |
| 当期純利益 | 10,356 | 11,666 |
| 親会社株主に帰属する当期純利益 | 9,924 | 11,978 |

売上高は前期よりも 228億円増え、他の項目も 順調に上がっているね

純利益が 119 億円で 2 年連続で過去最高に

(2020 年 3 月期決算短信より)

## ◿ カテゴリー別の売上高

グラフで見ると、 牛丼の売上構成率が 一番高いことが よくわかるね

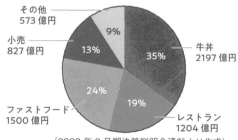

その他 573 億円 9%
小売 827 億円 13%
牛丼 2197 億円 35%
ファストフード 1500 億円 24%
レストラン 1204 億円 19%

(2020 年 3 月期決算説明会資料より作成)

# 07

# PC など家電販売が好調で最高益を更新したノジマ

主力事業の家電販売が堅調だった家電量販店大手のノジマ。経常利益、純利益とも過去最高益で大幅に増益しました。

ノジマの 2020 年 3 月期の売上高は 5239 億円 ( 前期比 2.1 ％増 )、営業利益は 226 億円 (17.5 ％増 ) の増収増益でした。セグメント別に見ると、ノジマは 4 つの事業に分かれています。**家電量販店「nojima」などのデジタル家電事業は、売上高は 2162 億円と前期より 0.2％減でしたが、セグメント利益は 136 億円で 17.9％増の大幅な増益。**Windows 7 のサポート終了による駆け込み需要や新型コロナによる在宅勤務の増加でパソコンなどの販売が好調で、冷蔵庫、洗濯機、テレビも堅調に売れました。

## ノジマの4つの事業の実態

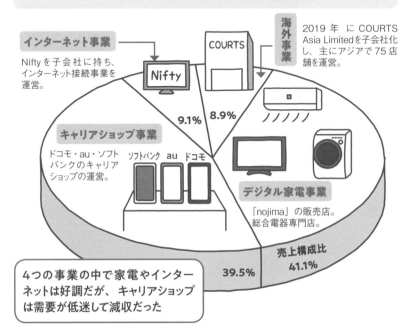

2019 年 に COURTS Asia Limitedを子会社化し、主にアジアで 75 店舗を運営。

**インターネット事業**
Nifty を子会社に持ち、インターネット接続事業を運営。

**キャリアショップ事業**
ドコモ・au・ソフトバンクのキャリアショップの運営。

**デジタル家電事業**
「nojima」の販売店。総合電器専門店。

9.1%　8.9%

39.5%　売上構成比 41.1%

4つの事業の中で家電やインターネットは好調だが、キャリアショップは需要が低迷して減収だった

3大キャリア（ドコモ、au、ソフトバンク）の携帯電話を販売しているキャリアショップ事業は、2019年10月の電気通信事業法の一部改正による販売競争の抑制と、それに伴う買い換えサイクルの長期化の影響を受け需要が低迷。売上は2074億円（12.9％減）、セグメント利益は67億円（3.5％増）と売上は低調でした。「ニフティ」などのインターネット事業は、NTT東日本とNTT西日本のフレッツ光の卸サービス「@ nifty光」のグループ店舗での販売や、新規顧客の獲得に注力。その結果、売上は479億円（4.8％減）でしたが、セグメント利益は34億円（24.5％増）と大幅な増益となりました。東南アジアでの家電販売などの海外事業は、セグメント損失が1億2300万円と低調でした。主力のデジタル家電事業がけん引している形なので、新型コロナの影響など今後の市場環境が気になるところです。

## 部門別では減収増益だけど…？

◾ セグメント比較

(百万円)

| | 2019年3月期 | | 2020年3月期 | |
|---|---|---|---|---|
| | 売上高 | セグメント利益 | 売上高 | セグメント利益 |
| デジタル家電専門店運営事業 | 218,085 | 11,590 | 216,235 | 13,661 |
| キャリアショップ運営事業 | 238,052 | 6,542 | 207,441 | 6,773 |
| インターネット事業 | 50,338 | 2,762 | 47,909 | 3,438 |
| 海外事業 | － | △ 384 | 46,609 | △ 123 |
| 計 | 506,476 | 20,511 | 518,197 | 23,750 |
| 連結財務諸表計上額 | 513,057 | 21,046 | 523,968 | 24,218 |

（2020年3月期決算短信より作成）

売上高はほとんど減収ですが、海外事業が追加され合計はアップしているね

セグメント利益は大幅にアップしていることがわかるね

# 巣ごもり需要で絶好調の ツルハホールディングス

ドラッグストア業界で店舗数・売上でトップのツルハドラッグ。「巣ごもり需要」関連の商品が売れ、増収増益の結果となりました。

ツルハホールディングスの 2020 年 5 月期の売上高は 8410 億円（前期比 7.5% 増）、営業利益は 450 億円（同 7.6% 増）と、いずれも過去最高の業績となりました。新型コロナの影響をプラスに受ける業種で、**巣ごもり需要に対応した日用品や食料品、品薄感はあったものの需要が多くなったマスク・消毒剤・石鹸などウイルス予防関連の商品が売れたことにより、売上が伸びました。**一方、インバウンド需要が大きく減少したことや外出自粛などにより、化粧品・季節用品といった商品の売上が落ち込んでいます。

## 予防対策グッズの爆売れで増収増益

新型コロナウイルスによりインバウンド関連の売上は減少したが、マスクや消毒剤などの感染予防の商材の販売は大きく伸びた。

販管費のうち30億円を、新型コロナウイルスの影響下に就業した店舗従業員に「特別感謝金」として支出しています。これにより、販管費率が前期より0.4%上昇しました。総利益率が同0.4%上昇しましたが、これは利益率の高い**調剤薬**の分野が伸びたことと、PB（プライベートブランド）比率が向上したことが要因として挙げられます。これまでPBの中心であった「エムズワン・メディズワン」に加え、利益率の高い「くらしリズムシリーズ」の展開拡大も推し進めています。前者のPB全体における売上構成比は1.4%下がったものの、後者は1.6%上昇しました。また、一時的に**消費増税**の反動などがあったものの、既存店の売上が前期を上回っているなど、同社の販売力の強さが現れています。

## 商品ごとの売上は「販売実績」で確認

### ☑ 損益計算書

（百万円）

| | 2019年5月期 | 2020年5月期 |
|---|---|---|
| 売上高 | 782,447 | 841,036 |
| 売上総利益 | 223,782 | 244,262 |
| 販売費及び一般管理費 | 181,956 | 199,249 |
| 営業利益 | 41,826 | 45,013 |
| 経常利益 | 43,313 | 46,298 |

（2020年5月期決算短信より）

売上高が大幅にアップしているね。そのおかげで売上総利益もアップ。販管費が上がっているのは、従業員への特別感謝金が影響しているためだね

化粧品のみ前年割れになっているね。日用雑貨はメーカーとの共同取り組みで売上を上げたのにも注目。その他の主な売上はマスクだよ

### ☑ 販売実績

| 品　目 | 金額<br>（百万円） | 構成比<br>（%） | 前期比<br>（%） |
|---|---|---|---|
| 商品 | | | |
| 　医薬品 | 183,738 | 21.8 | 105.9 |
| 　化粧品 | 133,509 | 15.9 | 97.6 |
| 　日用雑貨 | 229,386 | 27.3 | 111.0 |
| 　食品 | 194,494 | 23.1 | 111.3 |
| 　その他 | 96,378 | 11.5 | 110.6 |
| 小計 | 837,507 | 99.6 | 107.5 |
| 不動産賃貸料 | 872 | 0.1 | 104.0 |
| 手数料収入等 | 2,657 | 0.3 | 99.0 |
| 合計 | 841,036 | 100.0 | 107.5 |

（2020年5月期決算説明会資料より）

# 09

## 既存店売上高が 1.7％増！
## ヤオコーの好決算の理由とは？

関東地方で展開しているスーパーマーケット、ヤオコー。既存店の
売上総利益が他社よりも高い理由は何なのでしょうか？

**31 期連続で増収増益を続けているヤオコー。毎年の伸び幅は比較的堅調
です。** 2020 年 3 月期の営業収益は 4604 億円（前期比 5.8％増）、営
業利益 198 億円（11.1％増）、純利益 124 億円（5.6％増）と、それ
ぞれ増加しました。当期末には新型コロナによる巣ごもり生活で駆
け込み需要が発生し、前期の営業利益の予測 138 億円に対して実
績が大きく上回る結果となりました。新型コロナの影響が不透明の
ため、来期の営業利益の目標は 202 億円で伸び率は 1.6％と、控え
めな数値になっています。

## ヤオコーの強みと生産力とは…？

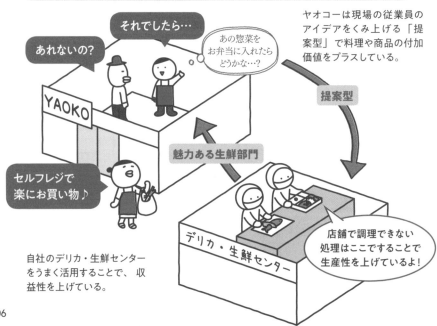

それでしたら…

あれないの？

あの惣菜を
お弁当に入れたら
どうかな…？

ヤオコーは現場の従業員の
アイデアをくみ上げる「提
案型」で料理や商品の付加
価値をプラスしている。

YAOKO

提案型

魅力ある生鮮部門

セルフレジで
楽にお買い物♪

デリカ・生鮮センター

店舗で調理できない
処理はここですることで
生産性を上げているよ！

自社のデリカ・生鮮センター
をうまく活用することで、収
益性を上げている。

差別化しにくいスーパー業界において、**ヤオコーは惣菜などに強い特徴があ
ります**。デリカ・生鮮センターを立ち上げて一部を**セントラルキッチン
方式**にし、粗利率の改善を図ってはいるものの、伝統的に行ってき
た店舗調理を必要性に応じて残すことで、惣菜の魅力を保っていま
す。また、既存店の売上が少なくとも3期連続で前期を上回ってお
り、当期は1.7%伸長。客数の伸びは1.1%、客単価は0.6%増加し、
1人あたりの買上点数は0.9%伸びました。これは、**魅力ある惣菜に
加えて他店にはない品揃えをするほか、関連商品販売の提案型商品陳列な
どが功を奏している**といえます。さらに、セルフレジを導入したこと
で、<u>MH</u>（1人1時間あたり）売上が改善。粗利率の高いPB商品
の開発も積極的で、売上構成率は10.2%もあります。

## 買上点数（点数PI値）も順調なヤオコー

### ▨ 部門別の販売実績

| 部門別 | 2019年3月期 売上高 (百万円) | 2019年3月期 構成比 (%) | 2020年3月期 売上高 (百万円) | 2020年3月期 構成比 (%) | 前期比 (%) |
|---|---|---|---|---|---|
| 生鮮食品 | 147,621 | 35.3 | 155,832 | 35.2 | 105.6 |
| デリカ食品 | 49,509 | 11.9 | 52,192 | 11.8 | 105.4 |
| 加工食品 | 116,415 | 27.9 | 124,277 | 28.1 | 106.8 |
| 日配食品 | 85,049 | 20.4 | 90,742 | 20.5 | 106.7 |
| 住居関連 | 16,605 | 4.0 | 18,111 | 4.1 | 109.1 |
| 専門店 | 2,507 | 0.6 | 1,065 | 0.2 | 42.5 |
| 合計 | 417,709 | 100.0 | 442,220 | 100.0 | 105.9 |

（有価証券報告書-第63期より）

### ▨ 既存店の営業数値（前期比）

(%)

| | 2017 | 2018 | 2019 | 2020 |
|---|---|---|---|---|
| 売上高 | 102.0 | 102.3 | 101.3 | 103.0 |
| 客数 | 100.6 | 100.1 | 99.1 | 100.2 |
| 客単価 | 101.4 | 102.1 | 102.2 | 102.8 |
| 一品単価 | 100.5 | 100.2 | 100.7 | 100.4 |
| 買上点数（点数PI） | 100.9 | 101.9 | 101.4 | 102.3 |

（第63期決算参考資料より）

部門別の販売状況
は、有価証券報告
書に記載している
ことが多いよ

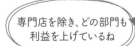

専門店を除き、どの部門も
利益を上げているね

点数PI値とは客数100人
あたりの買上点数のこと。
当期は2.3%増で、PB商品や
充実な品揃えにより
上がっているのがわかるね


4

成長企業の決算書を見てみよう

# 10 売上高 & 純利益が過去最高の王将フードサービス

「餃子の王将」でおなじみの王将HD。飲食業が新型コロナの影響でダメージを受けている中、なぜ好調な決算となったのでしょうか?

王将フードサービスの2020年3月期の売上高は855億円と、前期比4.8％増で過去最高でした。営業利益は77億円（11.2％増）、経常利益は81億円（10.6％増）、純利益は53億円（26.8％増）と、非常に好調でした。増収となった要因としては、**既存店や改装店での各種キャンペーンによるリピート客の増加により客数と客単価がともに増加したことが挙げられます**。さらに、原価率の改善や生産性向上による人件費増加の抑制などが奏を功して増益となりました。

## 従業員もお客様も満足の経営システム

はいっ

包丁はこうやって研ぐんだぞ

今ならビール100円引きだよ

ポイントカードも使えていいね!

**人材育成**

従業員のスキルとモチベーションを上げるために、運営スキルを学ぶ「王将大学」や、リーダーのための「合宿研修」、調理技術を学ぶ「王将調理道場」を展開している。従業員の満足度が高く、業績を向上させている。

今日は餃子だよー

わーい

おいしそー

王将

**販促活動**

メニューを月替わりで変えたり、生ビールフェアの継続的な開催などのキャンペーン活動を行っている。また、テレビCMなどのメディア展開にも力を入れたり、会員カードのキャンペーンも行い、新規王将ファンを増やしている。

**テイクアウト・デリバリー**

スマホでいつでも簡単に商品を注文し事前決済できる「EPARKテイクアウト」システムを導入。売上比率が上がり、新型コロナウイルスによる外出自粛期間の売上減少の負担を大きく減らした。

新型コロナウイルスにより飲食業が低迷する中、王将が好調だった
要因としては、**消費増税の際に導入された軽減税率適用に合わせて、い
ち早くテイクアウト・デリバリーを強化したことが挙げられます**。実際に、持
ち帰りの売上比率が上期は 16.6％でしたが、下期は 19.3％に伸びて
います。同時に、これまで消極的であった**キャッシュレス決済**も、国の
導入促進方針に沿って推進に転換し、2020 年 3 月には売上の 20.5％
にまで拡大しました。このように、同社は環境の変化に対して柔軟
な対応を見せています。売上総利益率が前年比 0.2％、営業利益率
が 0.5％それぞれ上昇したのは、人材育成が成功してオペレーショ
ンが効率化し、生産性が向上したことによるものだと思われます。

## 圧倒的な業績アップを達成した王将

どの項目も数値が
上がり、業績が
良いのが
一発でわかるね

### ☑ 損益計算書

（百万円）

| | 2019 年<br>3 月期 | 2020 年<br>3 月期 |
|---|---|---|
| 売上高 | 81,638 | 85,571 |
| 売上総利益 | 57,261 | 60,148 |
| 営業利益 | 6,924 | 7,698 |
| 経常利益 | 7,310 | 8,084 |
| 親会社に帰属す<br>る当期純利益 | 4,189 | 5,311 |
| 1 株当たり当期<br>純利益 | 223.6 円 | 283.1 円 |

（2020 年 3 月期決算短信より）

➡ 39億円アップで
4.8％増に。過去
最高売上を更新

➡ 親会社に帰属す
る当期純利益は
11億円アップし、
2桁増を達成

### ☑ 客数・客単価の推移

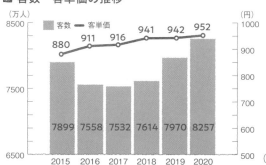

（万人）

■ 客数　— 客単価

8500

880　911　916　941　942　952

7899　7558　7532　7614　7970　8257

7500

6500

2015　2016　2017　2018　2019　2020

（円）

1000

900

800

700

600

500

客数は前期に比べ
3％アップ。2017年から
順調に伸びているね！
人材育成への投資が
業績を伸ばして
いるんだね

（2020 年 3 月期決算説明資料より作成）

# 海外事業が好調で増収増益の積水ハウス

住宅メーカーを代表する積水ハウス。全体的に苦しい業界の中で、過去最高額の増収増益を達成できたのはなぜなのでしょうか?

**国内の新設住宅の着工戸数は、消費増税の影響で 2019 年 3 月をピークに下降曲線に入っていました。**とくに 2020 年に入ってからはその傾向が強く、住宅メーカーは全体的に苦しい戦いを強いられています。そのような中、積水ハウスの 2020 年 1 月期の売上高は 2 兆 4151 億円（前期比 11.8% 増）、営業利益は 2052 億円（同 8.5% 増）と、過去最高の増収増益となりました。もっとも伸びたのは国際事業で、アメリカでの 7 件の物件売却や、中国におけるマンション販売が好調で、売上高は 58.5% 増、営業利益は 172.6% 増の 445 億円と貢献しました。

## 積水ハウスの4つの事業とは?

**開発型**
都市開発事業やマンション事業。都市再開発事業が売却物件の減少により減収した。

**請負型**
戸建住宅や賃貸住宅事業。3・4 階建て賃貸住宅の販売促進により、増収増益となった。

**ストック型**
リフォーム事業と不動産管理事業。どちらも順調に利益を上げている。

**国際**
主にアメリカでの賃貸住宅開発事業や、中国でのマンション販売が好調。

減収減益だ

新しい家を買ったよ

買うわ!

どうですか?

主力である請負型ビジネスは住宅建設事業で、第1四半期が好調。戸建住宅では **ZEH（省エネルギータイプの高付加価値住宅）などの次世代型商品に注力したことで、売上高が9.2％増**。しかし、賃貸住宅事業は融資引き締めなどがあり、売上高が1.3％減でした。ストック型ビジネスは、**リフォーム事業の売上高が8.0％伸びており、空き家対策などの法整備が進んだり、テレワークで自宅改装のニーズが高まったりしているのでさらに伸びると思われます**。一方で開発型ビジネスは前期を6.0％下回る結果に。分譲住宅は堅調でマンション事業は好調だったのですが、ボリュームのある都市再開発事業が23.9％のマイナス。大阪・名古屋は堅調だったのに比べて不振だった都心部の成績が大きく影響したようです。

## 開発型のみ不調の当期決算

**◪ セグメント別の業績**　（億円）

売上高は11.8％もアップし、営業利益は2000億円を突破。財政体質がよいことがわかるね

セグメントごとに見ると、開発型だけに△がついているね

| | 2019年1月期 | | 2020年1月期 | | | |
|---|---|---|---|---|---|---|
| | 実績 | 利益率 | 実績 | 利益率 | 対前期増減額 | 前期比 |
| **売上高** | 21,603 | | 24,151 | | 2548 | 11.8% |
| 請負型 | 7,740 | | 8,016 | | 276 | 3.6% |
| ストック型 | 6,554 | | 6,876 | | 321 | 4.9% |
| 開発型 | 4,118 | | 3,871 | | △246 | △6.0% |
| 国際 | 2,459 | | 3,898 | | 1,439 | 58.5%. |
| **売上総利益** | 4,445 | 20.6% | 4,780 | 19.8% | 334 | 7.5% |
| 請負型 | 1,875 | 24.2% | 1,933 | 24.1% | 57 | 3.1% |
| ストック型 | 1,180 | 18.0% | 1,249 | 18.2% | 69 | 5.9% |
| 開発型 | 829 | 20.1% | 650 | 16.8% | △179 | △21.6% |
| 国際 | 489 | 19.9% | 797 | 20.4% | 307 | 62.9% |
| **販管費** | 2,553 | | 2,727 | | 174 | 6.8% |
| **営業利益** | 1,892 | 8.8% | 2,052 | 8.5% | 160 | 8.5% |
| 請負型 | 926 | 12.0% | 948 | 11.8% | 22 | 2.4% |
| ストック型 | 605 | 9.2% | 645 | 9.4% | 40 | 6.7% |
| 開発型 | 579 | 14.1% | 394 | 10.2% | △185 | △32.0% |
| 国際 | 163 | 6.6% | 445 | 11.4% | 282 | 172.6% |

（2019年度決算概要より）

# 決算書よりも決算説明会資料のほうがわかりやすい

　多くの上場企業は、機関投資家や証券会社、アナリスト、報道関係者を対象に決算説明会を行います。企業の決算状況に関する説明が行われる、この会合において配布されるのが決算説明会資料です。決算説明会を行わない企業も存在するので、すべての企業が作成しているわけではありませんが、決算説明会の開催頻度が高い企業ほど決算説明会資料の内容が充実している傾向があります。決算説明会は前述の通り、機関投資家やアナリストなどを対象としたものなので参加できる人は限られていますが、決算説明会資料自体は企業のウェブサイトに掲載されます。読み込む価値はあるので、ぜひチェックしてみてください。

プロ向けに行われる
決算説明会で、企業が
作成して配布するのが、
決算説明会資料です。

# 説明会資料に載っている情報の例

## ❶ 利益増減の要因分析

　決算説明会資料は、決算内容や事業の状況を説明するためのものです。決算内容を説明する上で、期間内の活動での増益と減益が、「どうして増益（または減益）になったのか？」という要因別にまとめられたりします。営業利益を使って説明が行われることが多いです。

## ❷ 会社計画のセグメント別実績

　経営計画、事業計画におけるセグメント別実績に関する情報が掲載されたりします。事業ごとの売上高、営業利益または経常利益をチェックすることで、企業の中長期のビジョンが見えてきます。

## ❸ 為替実績および為替前提、 為替感応度

　終わった期の為替レートがどうだったか、それから今後の会社の業績を予測する上での前提となる為替レートも大事な情報。また、為替の変動によって会社の利益が受ける影響の度合い（為替感応度）が書かれることもあります。

## ❹ 設備投資、 減価償却費の実績値および計画値

　どのぐらい設備投資にお金を使うかという設備投資の計画値、実際に行われた減価償却の金額、これからどのぐらい減価償却が行われるかという予定の計画値が掲載されることも。これらの数値は、理論株価（1株あたりの企業価値のこと）を算出する上で重要な情報です。

売上総利益
売上原価
営業利益
販管費

# Chapter
# 5

kessansyo
mirudake notes

# 海外のメガテック企業の 決算書を見てみよう

IoT

これまでは日本の企業を中心に見てきましたが、本章では海外の企業の決算にも目を向けてみましょう。アマゾンやアップルなどグローバル企業は、規模が大きい分、分析も難しく感じられますが、臆することはありません。

# 通販ではなくクラウドサービスで儲けているアマゾン

ネット通販のイメージが強いアマゾンですが、他の事業で稼いでいることが決算書から読み取れます。

アメリカの巨大IT企業の1つ、アマゾンの売上は2006年頃から急速に伸び、その後は現在に至るまで毎年前年を大きく上回っているのが特徴です。2009年の売上は245億ドルでしたが、2019年の売上は2805億ドルにまで膨らみました。**これは10年で実に10倍の売上規模になったということ**。小売市場が10倍に膨らんだわけではなく、アメリカでは既存の百貨店やスーパーなどが次々と倒産する事態になりました。広大なアメリカでは郊外の居住区から自動車で買いものに行く傾向が高く、わざわざ出かけなくてもよいアマゾンの利便性が支持されたといえます。

## 物販からデータ活用へビジネスが変化

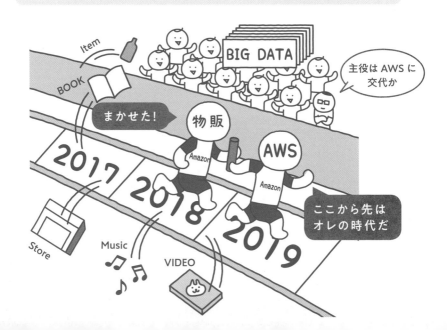

日本では、実店舗が不要で届くまでの時間が短かったり、重量物を宅配してくれる点も支持されている理由。このように通信販売のイメージが強い同社ですが、**実は利益を支えているのは AWS（Amazon Web Service）というクラウドサービス**。世界№ 1 のシェアを持ち、利益の源泉になっています。実際、2019 年の北米通販事業の営業利益は 70 億 3300 万ドルで前期を下回っており、北米以外では 16 億 9300 万ドルの赤字。しかし、AWS の営業利益は 92 億 100 万ドルで、年々成長を遂げて赤字をカバーしているのです。停滞気味、あるいは赤字であっても通販を続ける理由は、**ビッグデータの収集が目的で、蓄積したデータを AWS で活用することによって他社のサービスと差別化を図るのが狙い**。現状、AWS の営業利益率は 26.3％であることによって、システムや物流の拡充に投資し続けることができています。

## AWS（アマゾンウェブサービス）の重要性

### ☑ 営業利益のセグメント別比較

|  | 2018 年 12 月期 | | 2019 年 12 月期 | |
|---|---|---|---|---|
|  | 営業利益<br>（百万ドル） | 前期比<br>（%） | 営業利益<br>（百万ドル） | 前期比<br>（%） |
| 北米 | 7,267 | 256.2 | 7,033 | 96.8 |
| 国際 | ▲ 2,142 | — | ▲ 1,693 | — |
| AWS | 7,296 | 168.5 | 9,201 | 126.1 |

（Amazon Form 10-K より作成）

AWSの
伸び率もスゴイ！

北米の通販より
AWSのほうが上！

### ☑ 営業利益におけるセグメント別割合

| AWS | 北米 | 国際 |

41 億600 万ドル
124 億2100 万ドル
145 億4100 万ドル

（Amazon Form 10-K より作成）

# iPhone 需要は不振だが
# サービス事業が増収のアップル

iPhone や Mac のパソコンでおなじみのアップル。主力となるスマホなどの製品以外のサービス業で増収が続いています。

世界的な企業であるアップルも 2019 年 9 月期の決算は減収減益でした。売上は 2601 億ドルで前期比 2.0％減、営業利益は 639 億ドルで 9.8％減、純利益は 552 億ドルで 7.2％減です。とはいえ、**営業利益は GAFA（グーグル・アマゾン・フェイスブック・アップル）でトップの成績**。前期までの数年間は増収増益で、順調に拡大を続けていました。ただ、今回の減収減益は明確な理由があり、それは売上の 7 割を占める主力製品 iPhone の不振。当期の売上は 1423 億ドルで、前期より 13.6％も減少したのです。

## 念願の第二の柱が登場したアップル

**iPhoneとサービス事業の両輪経営**
収益の軸が2つに増えたことで収益の安定性がアップ

安定化

iPhone

サービス事業

iMac

iPad

iPhone

**iPhoneのみ好調**
それまでの iPhone 頼みの経営では、売れ行きに会社の業績が左右された

**1つの商品に収益を依存する企業体質にはリスクが伴います**が、同社では iPhone に続く収益源として、iCloud・Apple Music などのサービス事業が成長中。当期は売上の 17.8 ％を占めるまでになりました。スマホ需要は一巡している上に機能や価格で販売動向が変わることもあり、先行きの不透明感がぬぐえませんが、**サービス事業は利益率が高く、サブスクリプション**などで顧客を集めれば収益が安定しやすいという強みがあります。売上総利益率を見ると、製品の 32.2 ％に対しサービス事業は 63.7 ％。つまり、サービス事業の比率がさらに高まれば、大きな増益が見込めるということです。地域的には同社の利益はアメリカが支えていますが、当期は米中貿易摩擦などによる中国での収益悪化がマイナス要因となりました。

# iPhone 依存からの脱却

### 事業別売上の推移

| | 2017 年 9 月期 | | 2018 年 9 月期 | | 2019 年 9 月期 | |
|---|---|---|---|---|---|---|
| | 売上<br>(百万ドル) | 前期比<br>(%) | 売上<br>(百万ドル) | 前期比<br>(%) | 売上<br>(百万ドル) | 前期比<br>(%) |
| iPhone | 139,337 | 2 | 164,888 | 18 | 142,381 | ▲ 14 |
| Mac | 25,569 | 12 | 25,198 | ▲ 1 | 25,740 | 2 |
| iPad | 18,802 | ▲ 9 | 18,380 | ▲ 2 | 21,280 | 16 |
| その他 | 12,826 | 15 | 17,381 | 36 | 24,482 | 41 |
| サービス | 32,700 | 34 | 39,748 | 22 | 46,291 | 16 |
| 計 | 229,234 | 6 | 265,595 | 16 | 260,174 | ▲ 2 |

(Apple Form 10-K より作成)

### iPhone とサービス事業の売上高の推移

iPhone の不振を補う成長を見せるサービス部門

サービス事業の売上が右肩上がりだね

（億ドル）iPhone ／サービス

| | 2017 | 2018 | 2019 |
|---|---|---|---|
| iPhone | 1393 | 1649 | 1424 |
| サービス | 327 | 397 | 463 |

(Apple Form 10-K より作成)

# 03 広告事業の先行きが不安なアルファベット（グーグル）

グーグルの親会社であるアルファベット。グーグルの収益は広告事業がメインですが、YouTube やクラウドサービスが伸びてきています。

**グーグル**の持株会社アルファベット（Alphabet）の 2019 年 2 月期の売上は 1618 億ドルで、前期比 18.3％増、営業利益は 342 億ドルで 24.4％増、純利益は 343 億円で 11.7％増と大幅な増収増益でした。とくに売上が伸びているのは YouTube 広告（前期比 35.8％増）と Google クラウド（同 52.8％増）です。**売上構成比としては広告が 8 割を占めていますが、近年は伸び率が停滞している状態**。2017 〜 18 年には 20％を超える伸び率を示していましたが、2019 年の伸び率は 10％台後半に留まっています。

## 新しい事業が成長を支える「Google」

広告事業をさらに細かく見ていくと、**YouTube**広告の売上は当期は35.8％伸びていますが、前期の36.9％の伸びと比べるとやや鈍化しているといえます。**Google検索**の当期の伸びは15.0％で、前期の22.2％と比べれば低迷。さらに新型コロナの影響が懸念されています。それは、Google広告のユーザーの多くが中小企業であるためです。1億5000万人の労働人口のうち、3000万人以上が失業中ともいわれるアメリカでは、**中小企業が広告を出すのは難しくなっている**からです。その影響を受けて同社の今期の業績は厳しくなるともいわれていますが、一方で**YouTubeやGoogleクラウドは、巣ごもりやテレワークなどにより需要は増加の一途で、これらの伸びがGoogle広告のマイナスを補填する**ともみられています。

## 次代のグーグルを支える2つのサービス

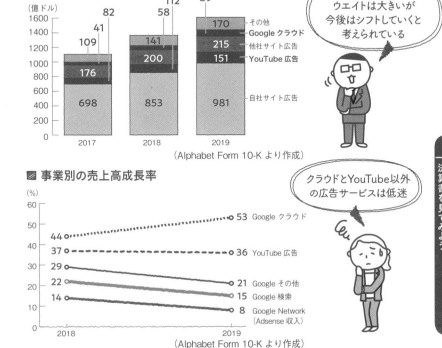

■ YouTube広告とGoogleクラウドの売上高

（Alphabet Form 10-K より作成）

> Google広告の
> ウエイトは大きいが
> 今後はシフトしていくと
> 考えられている

■ 事業別の売上高成長率

（Alphabet Form 10-K より作成）

> クラウドとYouTube以外
> の広告サービスは低迷

# ユーザー数が世界 No. 1で 広告事業が安定のフェイスブック

世界最大の SNS を運営するフェイスブック。広告事業の見通しが不透明な中、売上とユーザー数が大きく上回り、増収増益となりました。

フェイスブックの 2019 年 12 月期の売上は 707 億ドルで前期を 27% 上回ったものの、営業利益は 240 億ドルで 4% 減、純利益は 185 億ドルの 16% 減で、増収減益という結果に。**営業利益率も前期の 45% から当期 34% に留まったのは米政府からかけられた制裁金の負担によるもの**。同社の**データ漏洩**に対する対応策などが問題視され、50 億ドルの制裁金を課されたことが原因です。つまり、減益はしたものの事業継続に問題が発生したわけではありません。しかし、この事件により 1 株あたりの利益および株価自体も下がりました。

## 増え続ける利用者が収益の源泉

アクセス数が伸びているのはアジア圏

北米エリアは最もユーザー数が多い主戦場

日本だと若者のFB 離れが起きているけど…

MAU* 25憶人

信頼度が高いSNS だね

＊ MAU：マンスリーアクティブユーザー。月あたりのアクティブユーザー数のこと。

同社の売上は98%が広告収入。同社のSNSは実名・性別・生年月日・興味や関心・つながりなどといった**ユーザー個人の情報を収集・分析し、ピンポイントで広告を出せることがクライアントにとっての大きな魅力であり、同社の強みとなっています**。また、SNSは会員数も大切ですが、実際に利用する人がどの程度いるかということが重要。その指標が**アクティブユーザー数**で、同社のデイリーアクティブユーザーは16.6億人、マンスリーアクティブユーザーは25億人。地域別収益を見るとユーザー1人あたりの収益は世界平均で8.52ドルですが、北米では41.41ドルと大きな比重を占めており、北米ユーザーの伸びが収益に大きく影響を与えるのです。当期はこのエリアで100万人程度しかアクティブユーザーが増加しなかったことが懸念されています。

## 制裁金のマイナスも営業利益で実質プラス

### ◩ フェイスブックの業績

（Facebook Form 10-K より作成）

| | | 2019年12月期<br>（百万ドル） | 前期比<br>（%） |
|---|---|---|---|
| 収益 | 広告 | 69,655 | 27 |
| | その他 | 1,042 | 26 |
| 収益計 | | 70,697 | 27 |
| 経費計 | | 46,711 | 51 |
| 営業利益 | | 23,986 | ▲ 4 |
| 営業利益率 | | 34% | ― |
| 法人税 | | 6,327 | 95 |
| 実効税率 | | 25% | ― |
| 当期純利益 | | 18,485 | ▲ 16 |
| 希薄化後1株当たり利益（EPS） | | 6.43 | ▲ 15 |

制裁金が
きいた
⇒実質的には
プラス

### ◩ 地域別のユーザー単価

（ドル）

| | |
|---|---|
| 北米 | 41.41 |
| 欧州 | 13.21 |
| アジア太平洋 | 3.57 |
| その他 | 2.48 |

北米ユーザーの増加が
成長率に直結！

全世界平均の
5倍程度

（2019年12月期
（Facebook Form 10-K より作成））

# 05 クラウドサービスの好調で増収増益のマイクロソフト

Windows のパソコンでおなじみのマイクロソフト。独自のクラウドサービス事業がうまくいき、過去最高益となりました。

IT 系ビッグカンパニーの中でも歴史があるマイクロソフトは、1995 年に発売したパソコンの OS「**Windows95**」が人気を得たことで、1997 年には世界の時価総額ベスト 5 にランク入りしました。その後もビジネス需要を取り込んで成功を続け、2007 年には 6 位になりますが、2017 年にもランク入りするなど **20 年にわたって高い時価総額を維持しています。競争の激しい IT 業界で生き抜いて高い評価を得ているのは、時代に合わせて変化を続けてきたから**こそといえます。

## ビジネスモデルを転換した老舗メーカー

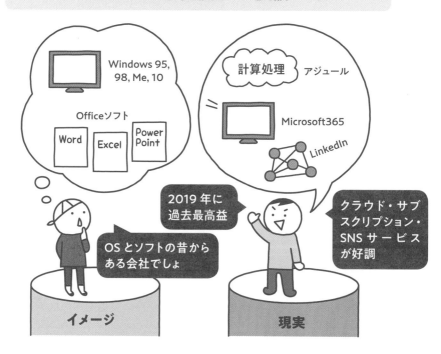

2019 年 6 月期の売上は 1258 億 4300 万ドルで前期比 14%増、純利益は 392 億 4000 万ドルで 137%増と、過去最高益での増収増益です。**同社は OS がヒットしたものの近年のスマホ市場にうまく移行できてはいませんでした。しかし、近年は同社の成長コンテンツであるクラウドサービスが収益を支えています**。この収益が過去同社が注力した新規ゲーム事業 (XBox) の販売不振も補っています。中でも計算処理能力を提供するアジュール事業は前期から売上が 64%も伸びており、高い成長を続けています。また、Word や Excel などのビジネスソフト「Microsoft Office」もパッケージソフトとして販売するのではなく、サブスクリプション方式の__オンラインソフト__「Microsoft 365」にしたことで売上が 31%も伸長。他にも、**ビジネス特化型 SNS**「LinkedIn（リンクトイン）」は 25%増加するなど、新たな分野が順調に成長しています。

## 新しいセグメントで収益を大幅に確保

■ 業績の推移

売上高は
右肩上がり

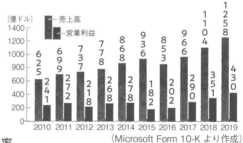

（億ドル）
■ 売上高
□ 営業利益

| | 売上高 | 営業利益 |
|---|---|---|
| 2010 | 625 | 241 |
| 2011 | 699 | 272 |
| 2012 | 737 | 218 |
| 2013 | 778 | 268 |
| 2014 | 868 | 278 |
| 2015 | 936 | 182 |
| 2016 | 853 | 202 |
| 2017 | 966 | 290 |
| 2018 | 1104 | 351 |
| 2019 | 1258 | 430 |

（Microsoft Form 10-K より作成）

■ サービス別の売上高成長率

| | 前期比 | | 前期比 |
|---|---|---|---|
| 商業版 Office とクラウドサービス | 14% | エンタープライズ製品 | 4% |
| 商業版 Office365 | 31% | Windows OEM | 9% |
| 家庭用 Office とクラウドサービス | 6% | 商業版 Windows 製品とクラウドサービス | 13% |
| LinkedIn | 25% | トラフィック獲得費用を除いた検索広告 | 9% |
| ダイナミクス製品とクラウドサービス | 12% | Surface | 14% |
| Dynamics 365 | 45% | ゲーム事業 | ▲ 10% |
| サーバー製品とクラウドサービス | 22% | Xbox のソフトウェアソフトウェアとサービス | ▲ 3% |
| アジュール | 64% | （Microsoft Earnings Release FY19Q4 より作成） | |

# 06

## ソフトのサブスク化で業績がますます好調のアドビ

Photoshop を始め、デザイン分野のソフトウェアで世界でも高いシェアを誇るアドビ社。ビジネスモデルを決算書から見ていきましょう。

競争力のあるソフトを世界的に提供しているアドビは、特に写真ソフト「Photoshop」、イラスト作成ソフト「Illustrator」、デザインソフト「InDesign」といったデザイン系ソフトの評価が高く、多くのプロユースに支えられています。また、無料の PDF 閲覧ソフト「Acrobat Reader」で多くのユーザーを獲得し、ブランディングにも成功。同社はユーザーサポートを通じてビッグデータを蓄積し、広告展開やマーケティングに生かしています。

## パッケージ販売からの脱却で安定

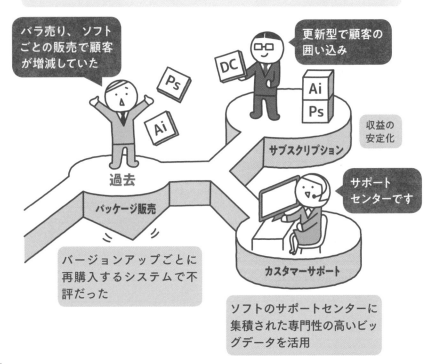

バラ売り、ソフトごとの販売で顧客が増減していた

更新型で顧客の囲い込み

収益の安定化

サブスクリプション

サポートセンターです

過去

パッケージ販売

バージョンアップごとに再購入するシステムで不評だった

カスタマーサポート

ソフトのサポートセンターに集積された専門性の高いビッグデータを活用

盛衰が激しいソフト業界の中にあっても同社の売上・営業利益は年々順調に伸び続けており、2019年11月期の売上は111億7000万ドルで前期比23.7%増、売上総利益は95億ドルで21.2%増、純利益は29億5000万ドルで13.9%増。GAFAに比べると規模は大きくはないとはいえ、成長率や利益率などは注目に値する数値といえます。**近年の業績が好調なのは、長期にわたりパッケージによる売り切りだったソフトの販売方法をサブスクリプション方式に転換したこと**が功を奏しています。今ではサブスクリプションの総収益比率は89%にまで高まり、金額にして99億9450万ドルに達するほど。同社の事業は3つのセグメントに分かれますが、そのうちデジタルメディア事業とデジタルエクスペリエンス事業が大きく伸びており、どちらも独自の差別化に成功していることから今後の成長が期待できます。

## 安定した経営を続ける老舗メーカー

### 📊 2桁増が続く営業利益率

（百万ドル）

| | 2016年11月期 | 2017年11月期 | 2018年11月期 | 2019年11月期 |
|---|---|---|---|---|
| 売上高 | 5,854 | 7,302 | 9,030 | 11,171 |
| 増減率 | 22.1% | 24.7% | 23.7% | 23.7% |
| 営業利益 | 1,494 | 2,168 | 2,840 | 3,268 |
| 増減率 | 65.4% | 45.2% | 31.0% | 15.1% |
| 営業利益率 | 25.5% | 29.7% | 31.5% | 29.3% |

（Adobe Form 10-Kより作成）

### 📊 クリエイティブクラウド・ドキュメントクラウドの売上比率

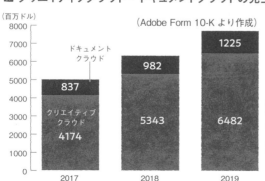

（百万ドル）

（Adobe Form 10-Kより作成）

ドキュメントクラウド
837 / 982 / 1225

クリエイティブクラウド
4174 / 5343 / 6482

2017 / 2018 / 2019

業界標準ソフトだから安定している

**ドキュメントクラウド**
クラウド保存などのサービス

**クリエイティブクラウド**
デザインソフトなどの製品とサービス

# 07
# ユーザー数が伸びて
# 2期連続の黒字のツイッター

若者を中心に人気のあるSNS、ツイッター。上場以来赤字が続きましたが、2018年から2期連続で黒字に回復しました。

ツイッター社の2019年12月期の売上は34億5933万ドル、営業利益は3億6637万ドル、当期純利益は14億6566万ドルと好業績に終わっています。しかし、現在でこそ黒字ですが、**同社の営業利益が赤字を脱却したのは2017年12月期から。累積損失が解消して留保利益の計上ができたのは2019年12月期からです。つまり、同社は長く利益が出ていなかったということ。**売上推移でいえば、2016年ごろまでは順調だったものが2017年に少し頭打ちとなり、その後、再び伸び始めているといった状況です。

## 予想外に厳しかったツイッターの道のり

同社のアクティブユーザーは「広告をクリックする」という「利益に貢献するユーザー」を指します。そのためフェイスブックなどとは必ずしも単純に比較はできませんが、前期と比較しても着実に拡大中。この増加が収益の向上につながっています。収益面で見ると粗利率が66.75%と高いのが特徴ですが、赤字が続いていた時期は営業費用がかさんでいました。この支出を圧縮するために2017年に構造改革を行い、それが黒字化につながっています。赤字期間の長さに比べて、黒字転換してから累積損失を消滅させて留保利益を出すまでの期間が非常に短いのは、売上総利益率の高さとともにこの構造改革が大きな要因といえるでしょう。なお、アメリカ人ユーザーに次いで**日本人ユーザー**が多いというのも同社の特徴です。

## 売上と営業利益率の推移

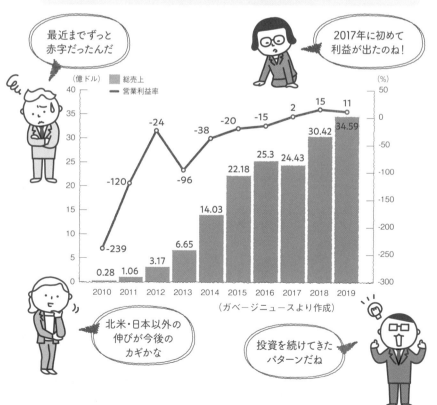

（ガベージニュースより作成）

column
5

# 外国企業の
# 決算書のキホン

　マイクロソフトやアマゾン・ドット・コムなどの時価総額の大きな企業が存在したり、利回りの高い高配当株を買えたりするなど、外国企業への投資には大きな魅力があります。投資におけるリスクを分散させるためにも、外国企業の決算書も読めるようになったほうがよいでしょう。37ページで紹介した通り、アメリカで上場している企業なら、EDGARで決算書を入手できます。また、「○○（企業名）IR」とGoogleで検索すれば、企業の公式サイトで決算書をチェックできます。「Form 10-K」が年次決算報告書、「Form 10-Q」が四半期決算報告書で、日本企業の決算書に相当する情報が掲載されています。

企業の公式サイトの
「Finacial Data（財務データ）」
というページに、決算書が
掲載されています。

# 財務3表で使われる主な単語の英訳

## 損益計算書 (profit and loss statement)

| | |
|---|---|
| 売上高 | sales |
| 売上原価 | cost of sales |
| 売上総利益 | gross profit |
| 販売費及び一般管理費 | selling general and administrative |
| 営業利益 | operating income |
| 営業外収益（費用） | non-operating insome (expense) |
| 営業損失 | operating loss |
| 税引き前当期利益 | income before taxes |
| 法人税等 | income tax expense |
| 当期純利益 | net income |
| 支払利息 | interest expense |
| その他の収益（費用），純額 | other income (expense),net |
| 受取利息及び受取配当金 | interest and dividend income |

## 貸借対照表 (balance sheet)

| | |
|---|---|
| 流動資産 | current assets |
| 有価証券 | securities |
| 棚卸資産 | inventories |
| 有形固定資産 | property, plant and equipment |
| 流動負債 | current liabilities |
| 借入金 | debt |
| 未収入金 | other receivables |
| 株主資本（純資産） | shareholders' equity |
| 余剰金 | retained earnings |
| 繰延税金資産 | deferred income taxes |
| 投資及び貸付金 | investments and advances |
| のれん | goodwill |
| 受取手形及び売掛金 | trade accounts and notes receivable |

## キャッシュ・フロー計算書 (cash flow statement)

| | |
|---|---|
| 営業 CF | operating cash flow |
| 投資 CF | investing cash flow |
| 財務 CF | financing cash flow |
| 売掛金 | accounts receivable |
| 買掛金 | accounts payable |
| 減価償却費 | depreciation and amortization |
| 新株の発行 | proceeds from issuance of new shares |
| 支払利息 | cash paid for interest |
| 配当金支払 | dividends paid |
| 繰延税額 | deferred income taxes |

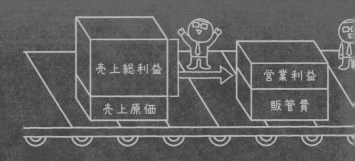

# Chapter

# 6

kessansyo
mirudake notes

# 同業他社との比較から
# 経営戦略を読み解こう

有名企業を
比べてみよう！

これまでは1社ごとに決算書を見てきましたが、複数の決算書を比較することで、それぞれの企業の特徴がより浮かび上がってきます。同じ業界の会社を比べることで、経営状態だけでなく、ビジネスモデルや収益構造の違いも読み解けるようになります。

# 01

## セブンイレブン・ジャパン vs ファミリーマート

コンビニの大手であるセブンイレブンとファミリーマート。同じコンビニでも異なる経営戦略により決算書に大きな違いが表れています。

両社の大きな違いは、1店舗あたりの**平均日販**。2020年2月期の決算を見ると、セブンイレブンは1日あたり65万6000円ですが、ファミリーマートは52万8000円です。店舗面積やオペレーションコストなどは両社で大きな違いはないにもかかわらず、**個店の売上が約2割も違ってくると、財務的な面では各所に差が現れてくるものです**。セブン&アイ・ホールディングスの連結決算はイトーヨーカドーを含んでいるので、コンビニエンス事業についての比較は、セブンイレブン・ジャパンとで行うと差がより顕著になります。

## 不動の1位と3位の基本的な違いとは

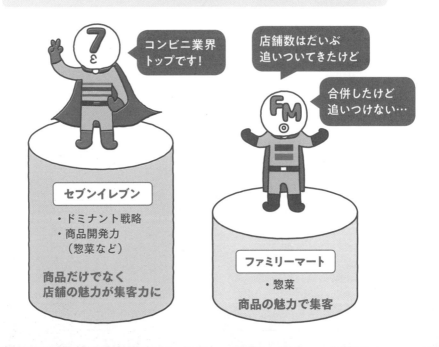

コンビニ業界トップです！

店舗数はだいぶ追いついてきたけど

合併したけど追いつけない…

セブンイレブン

・ドミナント戦略
・商品開発力
（惣菜など）

**商品だけでなく店舗の魅力が集客力に**

ファミリーマート

・惣菜

**商品の魅力で集客**

例えば利益率を見たとき、セブンイレブン・ジャパンは30％近く
ありますが、ファミリーマートは12.5％です。**固定費に大きな違いが
ない中で、日販にこれだけの差が出たことが、利益率の違いになって表れた
ということ**です。純資産についても、同様のことがいえます。利益率
が高く、多くの利益剰余金を積み立てているセブンイレブン・ジャ
パンは1兆4784億1600万円あるのに対して、ファミリーマート
は5984億3000万円と4割程度。巧みな**ドミナント戦術**と、惣菜をは
じめとする高い商品開発力によって、セブンイレブン・ジャパンは
店舗の魅力を創出していることが日販の差につながっているといえ
ます。スーパーバイザー（店舗指導員）を通じて**本部方針を店舗に徹底
させることで、総合力を発揮している**といえます。

## セブンイレブンとファミリーマートの差はどこに

☑ 平均日販の比較（2020年2月期）

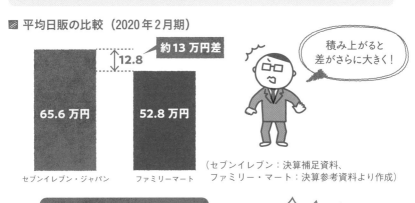

約13万円差

12.8

65.6万円　セブンイレブン・ジャパン

52.8万円　ファミリーマート

積み上がると
差がさらに大きく！

（セブンイレブン：決算補足資料、
ファミリー・マート：決算参考資料より作成）

1日当たりの売上差
×店舗差（20,930-16,611）
×365日　→　2社の差

☑ 業績の比較（2020年2月期）

（百万円）

| | 営業利益 | 営業利益率 | 純資産 |
|---|---|---|---|
| セブンイレブン・ジャパン | 253,980 | 28.6% | 1,478,416 |
| ファミリーマート | 64,547 | 12.5% | 598,430 |

（両社の2020年2月期決算短信より）

# 02

## 日本マクドナルドホールディングス vs 日本 KFC ホールディングス

ファストフード店を代表するマクドナルドとケンタッキー。売上利益が
ともに伸びている両社のそれぞれの儲け方を比べてみましょう。

日本マクドナルドホールディングスの **2019 年 12 月期の決算で目に付くの
は、外食産業でありながら売上原価率が 86.1％と異様に高いこと**です。
これは、売上原価に**労務費**（店舗従業員の人件費）や店舗家賃が含
まれているからです。これらは通常、販管費に計上する企業がほと
んどです。**日本 KFC ホールディングス（KFC）の 2020 年 3 月期の
売上原価率は 56.1％ですが、販管費率は 37.9％になっています。**工場
のような場所で集中調理をするセントラルキッチンなどといった場
合、人件費の扱いは各社で考え方が異なるのです。

## マクドナルドとケンタッキーが好調な理由

「夜マック」
収益が低かった夜時
間の売上アップにつ
ながった

自社デリバリーもス
タート。テイクアウト
も堅調

夜間営業の増収

日常使いの
方策は

テイクアウト・
デリバリー
対応

好調の要因は

「500円ランチ」
クリスマス偏重の打
開策として実施。平
日の客足が伸びた

テイクアウトにはもと
もと強みがあり、Uber
Eats でのデリバリーも
堅調。

家族での利用が増加

**KFC で注目すべきは、有形固定資産の少なさです。**機械・設備はあまり多くなく、新規出店も少なめ。これを投資キャッシュ・フローで見ると過去 2 年は投資を控える傾向にあって、2 〜 6 億円程度に抑えているのがわかります。それ以前には、36 億円、48 億円といった大型投資を実施した年度もありました。しかし、投資対効果が十分に得られなかったことを受けて、メニューの見直しなど足元を固める戦略に舵を切り、客数が増えて財務体質が改善されました。逆にマクドナルドは、前期より有形固定資産が増加するなど旺盛な投資を行っています。さらに、**両社ともこれまで注力していたテイクアウト・デリバリーや、ピーク時間（時期）の平準化を図り**（マクドナルド：朝・昼中心→夜マック、KFC:12 月ピーク→ 500 円ランチをそれぞれ開始）、収益を向上させています。

## 好調な同業2社の違いは

▨ **2社の前期比の成長率**

（マクドナルド：通期決算発表、セールスリポート、
KFC：決算参考資料、月次資料より作成）

| | 既存店の売上高 | 客数 | 客単価 | 全店売上高 | 既存店売上前期比 |
|---|---|---|---|---|---|
| 日本マクドナルド[※1] | 4.5％増 | 2.4％増 | 2.1％増 | 4.7％増 | ➡ 50 か月連続増加[※3]（17 四半期連続） |
| ケンタッキーフライドチキン（KFC）[※2] | 10.1％増 | 10.1％増 | 0.02％減 | 8.9％増 | ➡ 16 か月連続増加 |

※ 1：2019 年 12 月期 / 売上高 2817 億円、※ 2：2020 年 3 月期 / 売上高 796 億円、
※ 3：2015 年 9 月〜 2019 年 12 月

▨ **原価率の違いの理由**

**マクドナルド**

| | （百万円） | （％） |
|---|---|---|
| 直営売上原価 | 169,728 | 86.1 |
| 材料費 | 69,649 | 35.3 |
| 労務費 | 54,212 | 27.5 |
| その他 | 45,866 | 23.3 |

**ケンタッキーフライドチキン**
（百万円）

| 売上原価 | 56.1％ |
|---|---|
| 売上原価 | 39,732 |
| その他の原価 | 4,942 |
| 売上原価合計 | 44,674 |
| 販売費及び一般管理費 | 30,173 |

（両社の 2019 年度決算短信より）

# 03 吉野家ホールディングス VS 松屋フーズホールディングス

牛丼店を代表する吉野家と松屋。同じ牛丼店でもその売上高の差は一目瞭然。その理由を探ってみましょう。

**牛丼で有名な両社ですが営業利益率に差があります。**吉野家ホールディングス（吉野家）の 2020 年 2 月期の売上高は 2162 億 100 万円で営業利益は 39 億 2600 万円、営業利益率は 1.8%。一方の松屋フーズホールディングス（松屋）の同年 3 月期の売上高は 1065 億 1100 万円、営業利益は 50 億 7900 万円なので営業利益率は 4.8%。**吉野家の売上高は松屋の 2 倍以上ですが、営業利益は 8 割程度。**松屋の定食のバリエーションに対して、吉野家は牛丼の比重が高いため、価格競争が起きた頃から利益が上がりにくくなっているようです。

## 総売上よりも営業利益率が業績のカギ

\* 2020 年 3 月時点

138

吉野家の**セグメント**を見ると、**「フォルクス」などを経営している「アークミール」（安楽亭に売却済み）が赤字**で、「京樽」もあまり利益が出ず、新メニューである超特盛の投入で回復基調の「吉野家」と「はなまるうどん」が出した利益の足を引っ張る形になりました。松屋は、「松のや」も展開していますが、現段階では「松屋」が収益の柱になっています。この「松のや」の店舗は増加しており、業績は好調に推移中。**両社とも国内の牛丼市場には限界を感じており、吉野家は「はなまる」に注力し、松屋は「松のや」の展開を加速する予定です。**主力である牛丼は価格競争のあおりで売価が頭打ちになり、利益の向上が見込みにくい状況にあります。このような背景から**新規事業**の展開が両社の課題になっているといえるでしょう。

## 利益率が明暗を分けた同業2社

### ▨ 売上高と営業利益の比較　（両社とも決算短信より作成）

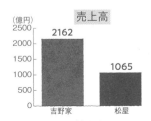

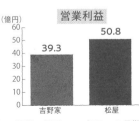

（吉野家 HD：2020 年 2 月期、松屋フーズ HD：3 月期）

利益率が違うのが
大きな理由

### ▨ 吉野家HDのセグメント別利益

|  | セグメント利益（百万円） | 前期比（%） |
|---|---|---|
| 吉野家 | 5,935 | 68.5 |
| はなまる | 1,252 | 100.5 |
| アークミール | ▲ 309 | ― |
| 京樽 | 457 | 182.1 |

（吉野屋 HD の 2020 年 2 月期決算短信より作成）

松屋HDは
セグメント別の業績が
記載されていないので
個別の業績はわからないよ

吉野屋HDは
個別には健闘している
けど利益率が悪い

# 04

# みずほ銀行 vsゆうちょ銀行

みずほ銀行などのメガバンクとゆうちょ銀行は異なる成り立ちをしています。その違いから仕組みを理解しましょう。

**ゆうちょ銀行（ゆうちょ）は、日本の銀行の中でもっとも預金残高が多い銀行。もともと郵政省の事業だったこともあり、国内の隅々にまで張り巡らされたネットワークが強みです。** その総数は約2万4000局、ATM設置台数は約3万2000台になります。ゆうちょ銀行の2020年3月期の預金残高は183兆19億円で、みずほフィナンシャルグループの中心であるみずほ銀行の同期預金残高は126兆3370億円。なお通常の企業にとって**預金は資産になりますが、銀行は利用者から借りている資金になるので、貸借対照表には負債として計上されます。**

## 2行の国内個人預貯金の割合

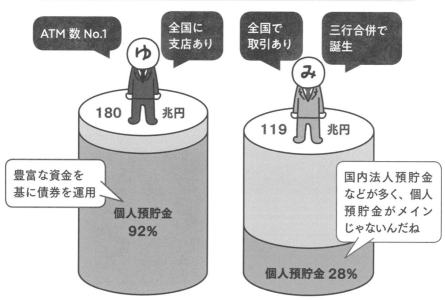

ATM数No.1

全国に支店あり

全国で取引あり

三行合併で誕生

180兆円

119兆円

豊富な資金を基に債券を運用

個人預貯金92%

国内法人預貯金などが多く、個人預貯金がメインじゃないんだね

個人預貯金28%

（2019年3月、ゆうちょ銀行：2019年
個人投資家向け説明会資料より作成）

ゆうちょ銀行は預金を**債券**で運用をしているので、保有する**有価証券**は 135 兆 2045 億円と膨大。一方、みずほ銀行は他行と比べて貸出金が多く、83 兆 4682 億円になります。これは企業に融資をしたり、個人に住宅ローンなどで貸出したりしたもので、**利息・手数料**が収益として入ります。みずほ銀行の特徴とされているのが、全都道府県での展開と取引企業の多さです。日本企業の約 7 割、世界的にはフォース・グローバル 2000（公開されている世界の企業を対象とした上位 2000 社のランキング、米フォーブス誌が発表）に挙げられた企業の約 8 割と取引があるとされています。**ゆうちょ銀行は債権による中長期運用が中心ですが、みずほ銀行は払い出しの可能性から短期・中期の運用・融資が中心なので、ゆうちょ銀行と比べて低金利の影響を受けやすい**といえます。

## ゆうちょ銀行と都市銀行の違い

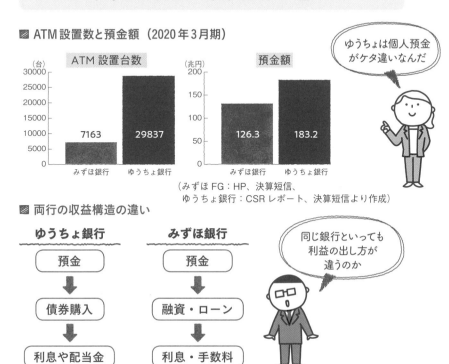

▨ ATM 設置数と預金額（2020 年 3 月期）

（みずほ FG：HP、決算短信、
ゆうちょ銀行：CSR レポート、決算短信より作成）

▨ 両行の収益構造の違い

**ゆうちょ銀行**

預金 ➡ 債券購入 ➡ 利息や配当金

**みずほ銀行**

預金 ➡ 融資・ローン ➡ 利息・手数料

# キリンホールディングス vs アサヒグループホールディングス

大手ビール会社のキリンとアサヒ。ビールの需要が減少する中で、それぞれが展開するビジネス戦略を数字から紐解いていきましょう。

キリンホールディングス（キリン）とアサヒグループホールディングス（アサヒ）の大きな違いは、**M&A に対する積極性**だといえます。アサヒはカールトン＆ユナイテッドブリュワリーズ（豪ビールメーカー）を 1 兆 2000 億円で買収するなど、大型の M&A に積極的。このことは貸借対照表の資産にも表れており、2019 年 12 月期の**のれん**及び**無形資産**は 1 兆 3984 億円が計上されています。背景には、少子化や人口減、酒類の多様化などで、ビールの国内需要の頭打ち、あるいは減少する可能性が高いと考えられていることがあります。

## ビールメーカーの経営戦略の違い

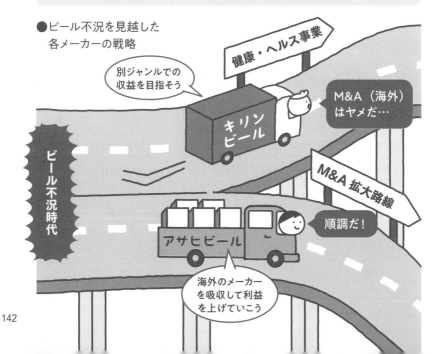

●ビール不況を見越した
　各メーカーの戦略

健康・ヘルス事業

別ジャンルでの
収益を目指そう

M&A（海外）
はヤメだ…

キリン
ビール

ビール不況時代

M&A 拡大路線

アサヒビール

順調だ！

海外のメーカー
を吸収して利益
を上げていこう

キリンも国内のビール需要が減少することは見込みつつも、**企業の活路を事業の多角化に求めています。特に注力しているのが、健康・ヘルス系の事業です。**協和キリン（医薬）や協和発酵バイオ（バイオケミカル）などを傘下に持ち、ファンケル（化粧品・健康食品）に出資をして、これら医薬事業の 2019 年 12 月期の売上は 3048 億円になります。同社は、かつてブラジルで M&A を行った際に多額の損失を出したことを機に、脱ビール事業に舵を切りました。結果、当期の海外事業の売上は 2997 億円に留まりました。これに対して、アサヒは海外で 6995 億円の売上を確保しています。**酒類メーカーの統合・再編は世界的な動きになってきており、サントリーホールディングスが米ビーム社を買収するなどの活発な動きが見られます。**

## ビール業界の新規事業傾向

| キリン | （百万円） |
|---|---|
| 売上収益 | 1,941,305 |
| 事業利益 | 190,754 |
| 税引前利益 | 116,823 |
| 当期利益 | 81,438 |
| 親会社に帰属する当期利益 | 59,642 |

本業はどちらも苦しい

| アサヒ | （百万円） |
|---|---|
| 売上収益 | 2,089,048 |
| 事業利益 | 212,971 |
| 営業利益 | 201,436 |
| 当期利益 | 141,290 |
| 親会社に帰属する当期利益 | 142,207 |

健康・ヘルス事業

戦略が違うんだね

M&A

**海外は控えめ。医薬事業に**
過去の失敗を機に他業種への参入を進めている

海外事業 2,997 億円

医薬事業 3,049 億円

**海外に積極投資**
海外での大幅売上アップを見込んで積極的に M&A

海外事業 6,995 億円

（2019 年 12 月期、両社の決算短信より作成）

# 06 サンリオ vs オリエンタルランド

「ハローキティ」で有名なサンリオと、「ディズニー」のオリエンタルランド。キャラクターによるビジネス戦略の違いを見てみましょう。

2020年3月期のサンリオの売上高は552億6100万円で前期比6.5%減、営業利益は21億600万円で56.0%減、親会社に帰属する当期純利益は1億9100万円で95.1%減と、減収減益という結果に。一方、オリエンタルランドは、同期の売上高が4644億5000万円で11.6%減、営業利益は968億6200万円で25.1%減、親会社に帰属する当期純利益は622億1700万円となり、同様に減収減益でした。**両社に共通しているのは、新型コロナの影響による休業や客数減でパークの来園者数やグッズの売上などが落ち込んだこと**です。

## 過去4年の純利益の推移

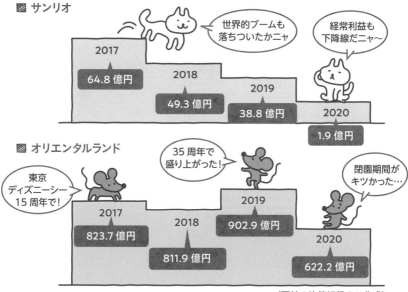

◾ サンリオ

- 2017 64.8億円
- 2018 49.3億円
- 2019 38.8億円
- 2020 1.9億円

世界的ブームも落ちついたかニャ

経常利益も下降線だニャ〜

◾ オリエンタルランド

- 2017 823.7億円
- 2018 811.9億円
- 2019 902.9億円
- 2020 622.2億円

東京ディズニーシー15周年で!

35周年で盛り上がった!

閉園期間がキツかった…

（両社の決算短信より作成）

サンリオは一時期、営業利益が200億円を超えたことを考えると、現在は低迷状態ともいえます。その頃は欧州で**キャラクターブーム**があったのですが、現在は北米市場と共に赤字です。オリエンタルランドが運営する東京ディズニーリゾートは、新しいコンテンツを次々と生み続けており、近年も「アナと雪の女王」などがブームになりました。継続的な人気が安定した収益につながっているといえるでしょう。一方、サンリオは原価率が36.6％で販管費率は59.6％というように、**原価が低くて販管費のかかるビジネスモデルです。これは、キャラクターを使ったライセンスビジネスの比率が高いのが理由。**これに対し、オリエンタルランドは、ライセンスはディズニー社の事業であるパーク中心の事業となるため、運営費・減価償却費は原価に入るので原価率が高く、販管費は広告宣伝と本社費用なので低くなる点が違います。

6 同業他社との比較から経営戦略を読み解こう

## キャラクタービジネス界の両雄の違い

📝 両社の財務指標の比較（2020年3月期）

| | サンリオ | | オリエンタルランド | |
|---|---|---|---|---|
| | （百万円） | 売上構成比<br>（%） | （百万円） | 売上構成比<br>（%） |
| 売上高 | 55,261 | 100.0 | 464,450 | 100.0 |
| 売上原価 | 20,222 | 36.6 | 300,601 | 64.7 |
| 売上総利益 | 35,039 | 63.4 | 163,849 | 35.3 |
| 販管費 | 32,910 | 59.6 | 66,986 | 14.4 |
| 営業利益 | 2,106 | 3.8 | 96,862 | 20.9 |
| 有形固定資産 | 15,890 | — | 610,586 | — |
| 有形固定資産回転率 | 3.5回 | — | 0.8回 | — |

（両社の決算短信より作成）

売上総利益率はサンリオが上だけど

営業利益と利益率はケタ違いね

原価の高さは人件費のせい

# 07 トヨタ自動車 vs 日産自動車

日本のみならず世界有数の自動車メーカーのトヨタ。
国内3位の日産の決算書と見比べると、その違いが見えてきます。

トヨタ自動車（トヨタ）の2020年3月期の売上高は29兆9299億9200万円で、前期比は1.0％減、営業利益は2兆4428億6900万円で同1.0％減、親会社に帰属する当期純利益は2兆761億8300万円で10.3％伸びており、**減収増益**という結果。これに対して日産自動車（日産）は、同期の売上高が9兆8788億6600万円で前期比14.6％減、営業利益は404億6900万円の赤字になり、親会社に帰属する当期純利益も6712億1600万円の赤字でした。**両社の収益性になぜこれだけの違いが出たかというと、稼働率の差があったと考えられます。**

## リーマンショック後の対応の違いが差に

■ トヨタ　リーマンショックの後に生産能力過多

工場が余った…

売れる分だけ作ってムダなし！

適量の有形固定資産＝営業利益UP

ムダをカット

■ 日産　リーマンショック後に復調の兆し

工場を増やすぞ！

作りすぎたけど売れない…

過剰な有形固定資産＝営業利益DOWN

設備を増加

日産はリーマンショック後の回復基調に乗り、規模を追求して生産拡大を行いましたが、販売能力を上回っていたために赤字になりました。これに対してトヨタでは、リーマンショックまでは生産能力を上げていたのですが、リーマンショックで過剰生産になって赤字に転落。**これは過剰投資をしたことで損益分岐点販売台数が高くなったから**です。そこで設備投資を抑えて固定費を圧縮して減価償却費を下げ、生産効率を上げることで財務体質を改善しました。加えて、変動費（主に原材料費）も下げたことで、収益を上げやすくなったのです。有形固定資産回転率を見ると、トヨタは2.83回ですが日産は2.19回なので、明確に稼働率の差として出ているといえるのです。言い換えれば、日産は必要以上に生産能力を上げてしまったということでしょう。

## 2社の違いを有形固定資産で読み解く

売上高と総資産は
トヨタが圧倒

有形固定資産の
減損損失が多いわね

| | トヨタ | | 日産 | |
|---|---|---|---|---|
| | 2020年3月期<br>（百万円） | 前期比<br>（百万円） | 2020年3月期<br>（百万円） | 前期比<br>（百万円） |
| 売上高 | 29,929,992 | ▲ 295,689 | 9,878,866 | ▲ 1,695,381 |
| 総資産 | 52,680,436 | 743,487 | 16,976,709 | ▲ 1,975,636 |
| 金融債権 | 6,614,171 | ▲ 33,600 | 6,739,336 | ▲ 926,267 |
| 棚卸資産 | 2,434,916 | ▲ 221,480 | 1,340,423 | 82,500 |
| 有形固定資産 | 10,601,525 | ▲ 115,489 | 4,518,850 | ▲ 786,848 |
| 資産回転率 | 0.57 | ▲ 0.01 | 0.58 | ▲ 0.03 |
| 金融債権回転率 | 4.53 回 | ▲ 0.02 | 1.47 回 | ▲ 0.04 |
| 棚卸資産回転率 | 12.29 回 | 1.02 | 7.37 回 | ▲ 1.83 |
| 有形固定資産回転率 | 2.83 回 | ▲ 0.09 | 2.19 回 | 0.01 |

（両社の決算短信より作成）

日産は生産力を
有効に使えて
いないのがイタイ!

有形固定資産回転率
はトヨタが上ね

# 08

## コメダホールディングス vs
## ドトール・日レスホールディングス

コーヒー店として有名なコメダ珈琲とドトール。決算書の数値から
経営スタイルに決定的な違いが見られます。

ドトール・日レスホールディングス（ドトール）はドトールコーヒー（店舗数1311店、うちフランチャイズ〈FC〉977店）と日本レストランシステム（店舗数657店、FC31店）を傘下に収めており、ドトールコーヒーショップ、エクセルシオールカフェの他、洋麺屋五右衛門、星野珈琲店などを展開しています。直営店が多いので、2020年2月期の売上に対する**卸売比率**は36%です。コメダホールディングス（コメダ）は、主に珈琲所コメダ珈琲店（店舗数873、うち直営35店舗）を営んでいます。**大半がFCなので、同期の売上に対する卸売比率は約7割にも及びます。**

## 直営は飲食業、FCは卸売業

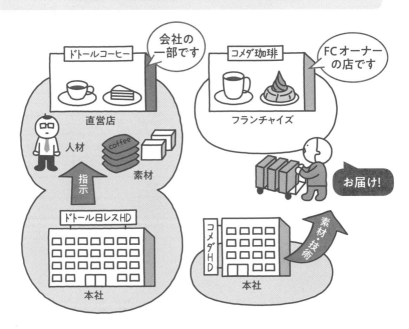

両社とも**主力のコーヒー店の類似点は多く、同業態に見えるのですが、FC比率を見るとドトールは飲食業、コメダは卸売業に近い数値になっています**。これはつまり、ビジネスモデルには大きな違いがあるということで、最も顕著なのが売上原価率です。ドトールは39.5％であるのに対して、コメダは61.3％。FC店舗は別法人が運営するので店舗運営の運営費・人件費が少なくなりますが、原材料は卸売比率が高まるので売上総利益は薄くなります。そのため、どんな項目を含めるかにもよりますが、売上に対する**販管費率は直接実店舗を持たないコメダのほうが13.8％とドトールの52.6％より低くなる**のです。店舗の運営方針にも違いがあって、コメダは<u>高単価滞在型</u>の旧来の喫茶店に近く、ドトールは<u>短時間高回転型</u>のカフェタイプといえます。

## 損益計算書から両社を比較

### 直営店型とFC型の違い（2020年2月期）

| | ドトール日レスHD（百万円） | 売上構成比（％） | ドトール（単独）（百万円） | 売上構成比（％） | コメダ珈琲（百万円） | 売上構成比（％） |
|---|---|---|---|---|---|---|
| 売上高 | 131,193 | 100.0 | 79,813 | 100.0 | 31,219 | 100.0 |
| 売上原価 | 51,839 | 39.5 | 40,585 | 50.9 | 19,132 | 61.3 |
| 売上総利益 | 79,354 | 60.5 | 39,228 | 49.1 | 12,087 | 38.7 |
| 販管費 | 69,064 | 52.6 | 34,381 | 43.1 | 4,300 | 13.8 |
| 営業利益 | 10,289 | 7.8 | 4,846 | 6.1 | 7,878 | 25.2 |
| 卸売比率 | 36.6% | | | | 70.4% | |

（両社の決算短信より作成）

※コメダの販管費はその他の営業収益・その他の営業費用含む
※その他の営業収益・その他の営業費用：営業外損益・特別損益の金融収益・金融費用以外

グループ全体で原価管理を徹底しているからドトール・日レスHDは売上原価率が低い。直営店が多いので販管費が多くかかるのは仕方ないね

FCの場合は店舗に送る原料費の比重は高いけど、販管費はかからない！

# 09 ファーストリテイリング vs しまむら

ユニクロを持つファーストリテイリングと、低価格が売りのしまむら。両社の違いからアパレル企業の仕組みを理解していきましょう。

ファーストリテイリング（ユニクロ）は**SPA**（製造小売）で成功を収めた企業です。これに対して、しまむらはメーカーや問屋が企画・製造している商品を買い付けて販売する業態。**店舗で売るという業態は同じですが、ユニクロは100%自社製品を販売している**のです。事業規模の差はありますが、ユニクロの2019年8月期の売上高総利益率が48.9%で、しまむらの2020年2月期の32.7%より高いのは、商品の企画・製造にかかわることでその付加価値の利益も取り込めるため**売上原価率**が下がる（ユニクロ51.1%、しまむら67.5%）からだといえます。

## 同じアパレルでも売上構成比は違う

ユニクロは製品の開発・研究を自社で行うことに加えて、商品の広告宣伝も必要になるため、販管費が高くなる傾向にあります。ユニクロの販管費率は 37.3％と、しまむらよりも 9.0％も高いなど、両社は同業種ながら業態で大きな違いがあるのです。それぞれ相応の収益を上げていたので、以前は利益率に大きな差はありませんでしたが、しまむらの事業が拡大し、商品の自社開発が可能になってきたために自社製品の開発にも進出。これがまだ軌道に乗っていないこともあり、しまむらは前期比で売上高 4.4％減、営業利益 9.7％減、親会社に帰属する当期純利益 17.9％減の減収減益になっています。ユニクロは 20 年以上ＳＰＡに特化しており、ブレない強さがあるといえます。

## 同業種でも業態で経営体質に差が出る

### 📈 2社の業績比較

| | ユニクロ | | しまむら | |
|---|---|---|---|---|
| | 2019 年 8 月期<br>（百万円） | 売上構成比（%） | 2020 年 2 月期<br>（百万円） | 売上構成比（%） |
| 売上高 | 2,290,548 | 100.0 | 521,982 | 100.0 |
| 売上原価 | 1,170,987 | 51.1 | 352,307 | 67.5 |
| 売上総利益 | 1,119,561 | 48.9 | 169,675 | 32.5 |
| 販管費等 | 854,394 | 37.3 | 147,602 | 28.2 |
| 営業利益 | 257,636 | 11.2 | 22,985 | 4.4 |

（両社の決算短信より作成）

ユニクロは販管費が高いけど利益率が高いな

しまむらは原価が高いな

アパレル業はどこも利益率の上がるSPAをやりたがるよね

### one point

同じ店舗面積なら原価が安い SPA 製品のほうが利益率も高いため、自社製のプライベートブランド（PB）を展開したくなるのはアパレルも同じ。しかし、大量生産となるため 1 店舗 1 商品が特徴であったしまむらの顧客には不評だった。

# 10 フジ・メディア・ホールディングス vs 日本テレビホールディングス

テレビ業界を代表するフジと日テレ。テレビ広告の需要が低くなる中、事業戦略の違いが決算書から読み取れます。

フジ・メディア・ホールディングス（フジテレビ）は、2011年頃まで在京キー局6局の民放**視聴率**ではトップに君臨していました。しかし、2011年にその座を日本テレビホールディングス（日テレ）に譲って以降低迷、2014年からは5位に甘んじてきました。日テレは首位を奪ってからはおおむねトップをキープして、放送業界の勝ち組とされています。ただ、全体視聴率は下落傾向にあり、**テレビ**という媒体の存在感は低下の一途。これはインターネットの普及などによる、メディアの多様化による影響でしょう。

## テレビ業界のビジネス戦略は？

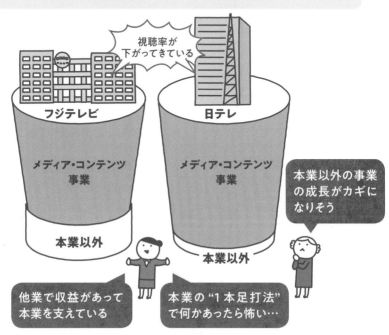

両社の 2020 年 3 月期のセグメント別収益を見ると、日テレは本業で
あるメディア・コンテンツ事業の売上比率が 90.1％（売上 3842 億
20000 万円、営業利益 406 億 1000 万円）ありますが、フジテレビは
81.6％（売上 5153 億 3400 万円、営業利益 139 億 2400 万円）に留まり、
都市開発・観光事業（同 17.5％、売上 1107 億 4900 万円、営業利益
137 億 600 万円）で補っている状況で、収益性は日テレのほうが高
いといえます。つまり、**フジテレビは都市開発・観光事業がすでに収益
の柱となっていて、有利子負債は多くても不動産を担保にして事業を拡大して
おり、今後も多分野での事業展開が見込まれます**。一方の日テレは本業
が順調で、次の事業への投資を行う余力もあると見られます。

## テレビ離れ時代のテレビ局の経営

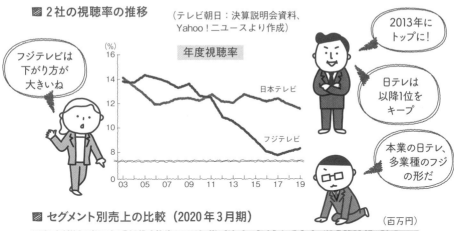

▨ 2社の視聴率の推移　（テレビ朝日：決算説明会資料、Yahoo！ニュースより作成）

2013年に
トップに！

フジテレビは
下がり方が
大きいね

日テレは
以降1位を
キープ

本業の日テレ、
多業種のフジ
の形だ

▨ セグメント別売上の比較（2020 年 3 月期）　（百万円）

|  | フジテレビ | | 日テレ | |
|---|---|---|---|---|
|  | 売上 | セグメント利益 | 売上 | セグメント利益 |
| メディア・コンテンツ事業 | 515,334 | 13,924 | 384,220 | 40,610 |
| 都市開発・観光事業 / 不動産業 | 110,749 | 13,706 | 10,281 | 3,446 |
| 生活・健康関連事業 | － | － | 35,905 | ▲ 686 |
| その他事業 | 19,335 | 595 | 7,849 | 427 |
| 調整額 | ▲ 13,936 | ▲ 1,885 | ▲ 11,657 | ▲ 686 |
| 合計 | 631,482 | 26,341 | 426,599 | 43,111 |

（両社の決算短信より）

# 11 ヤマトホールディングス vs SGホールディングス

運輸業界の大手であるヤマト運輸と佐川急便。同じ業種のライバル企業でも、決算書では大きな違いが見られます。

ヤマトホールディングス（ヤマト運輸）の2020年3月期の売上高は1兆6301億4600万円、営業利益447億100万円で、営業利益率は2.7％。これに対して、SGホールディングス（佐川急便）の同期の売上高は1兆1734億円、営業利益754億円で、営業利益率は6.4％。**つまり、ヤマト運輸より佐川急便の収益力が高いことがわかります**。これは、本業であるデリバリー（宅配）事業に差が出たことが大きく、ヤマト運輸のデリバリー事業の売上高は1兆3100億円で利益が272億円なのに対し、佐川急便の売上高は9927億円、利益は587億円でした。

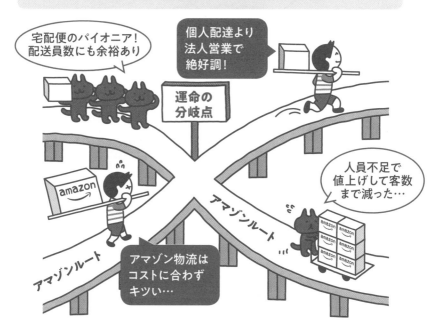

**アマゾン物流への対応で明暗**

佐川急便は 2013 年に大口取引先であった**アマゾン**の配送から撤退。売上に比して利益が確保しにくいことが理由で、従業員の待遇改善などといったさまざまな改善の原資が生まれないと判断したのです。**代わりにヤマト運輸をアマゾンの配送を受けたのですが、結果的に佐川急便の利益率は改善され、ヤマト運輸を逆転**。そこでヤマト運輸は運賃値上げに踏み切り、サービス体制を整えました。しかし、思惑は外れて取扱数量は前期比 0.2% 減（クロネコ DM 便を除く）。これは、**ヤマト運輸が体制を整えている間にアマゾンが輸送の内製化・地域輸送業者の組織化を行ったため**です。ヤマト運輸はさらに、見積もりの不正問題で**ホームコンビニエンス事業**が低迷したこともマイナスに影響しました。

## 2社の業績比較

### ■ 売上高＆営業利益の推移

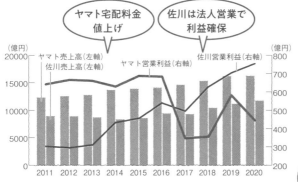

アマゾン対応の判断の差だね

佐川急便のほうがムダの少ない筋肉質な経営

### ■ 収益の比較（2020年3月期）

| | ヤマトホールディングス | | SG ホールディングス | |
|---|---|---|---|---|
| | （百万円） | 前期比（%） | （百万円） | 前期比（%） |
| 営業収益 | 1,630,146 | 0.3 | 1,173,498 | 5.0 |
| 営業利益 | 44,701 | ▲ 23.4 | 75,447 | 7.2 |
| 経常利益 | 40,625 | ▲ 25.1 | 80,532 | 7.7 |
| 当期純利益 | 22,324 | ▲ 13.1 | 47,292 | 8.8 |
| 包括利益 | 17,285 | ▲ 36.0 | 51,241 | 1.3 |

（両表とも、両社の決算短信より作成）

# 12

# 東日本旅客鉄道 vs 東海旅客鉄道

JR7社の中でも収益性の高い東日本と東海。両社の行っているそれぞれの事業内容により、利益性が大きく異なっています。

2020年3月期の東日本旅客鉄道（JR東日本）の運輸事業における売上高は2兆811億3600万円、利益は2505億7500万円。一方の東海旅客鉄道（JR東海）の同事業の売上は1兆4312億6600万円、利益は6176億4300万円です。**鉄道事業は公共性が高いため利益の出る路線は少なく、両社とも利益の多くは新幹線から生み出されています**。特にJR東海は、在来線で収益性の高い路線が少ないものの、東海道新幹線が大きく貢献。JR東日本は首都圏在来線に山手線などドル箱路線も持っていますが、新幹線の利益はJR東海には及びません。

## JR東海と東日本を取り巻く状況

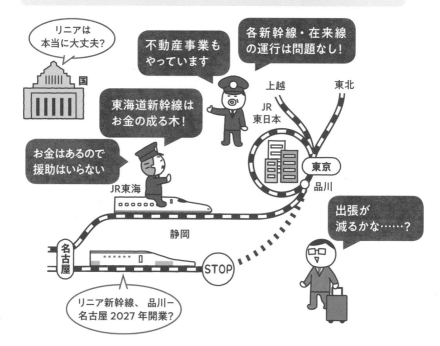

JR東海の懸念は、9兆円の投資が必要な**リニア新幹線**の建設で、静岡県部分の着工など開業時期の変更を含めた問題が山積み状態です。**現段階では建設にかかる資金の借入れは同社が調達することになっており、今後の財務状況には注目が集まっています**。また、テレワークといった新たなビジネス習慣がどのようになるかによって、リニア新幹線の成否に少なからず影響を及ぼすでしょう。しかし、**貸借対照表で見ると、中央新幹線建設長期借入金（固定負債）と中央新幹線建設資金管理信託（流動資産）はすでに5兆4350億円近い資金を調達済み**。同社は運輸業の売上比率が77.6％と高く、運輸業に特化した経営で多角化は進んでいません。一方のJR東日本はの運輸業の売上比率は70.6％で、残りは流通・サービス・不動産・ホテルなど事業の多角化に積極的で、利益にも貢献していることが読み取れます。

## 決算書から読み解く両社の戦略

運輸業の売上は全体比で東日本だと2/3、東海は7割強も！

東日本は駅ビルや不動産などもあるよね！

（百万円）

| | JR 東日本 | JR 東海 |
|---|---|---|
| 運輸業 | 2,081,136 | 1,431,266 |
| 流通業 | 573,684 | 263,272 |
| 不動産業 | 369,318 | 79,998 |
| その他 | 274,685 | 272,263 |
| 合計 | 3,298,824 | 2,046,800 |
| 調整額 | ▲ 352,185 | ▲ 202,152 |
| 連結財務諸表計上額 | 2,946,639 | 1,844,647 |

（2020年3月期、両社の決算短信より）

JR東海は不動産業の比率が低いんだ

JR東日本は在来線でも収益路線（山手線）があるね

テレワーク時代に運輸業の頼みは不安かも

# 13 青山商事 vs AOKIホールディングス

紳士服業界を代表する青山とAOKI。スーツの需要が減少しているため、両社ともに新しい事業を展開し、多角化を進めています。

2020年3月期の青山商事（洋服の青山）の売上は2176億9600万円で前期比13.0％減、営業利益は8億1800万円で94.4％減、親会社に帰属する当期純利益は169億円の赤字。一方、AOKIホールディングス（AOKI）の同期の売上は1802億2000万円で前期比7.6％減、営業利益は66億4900万円で50.7％減、親会社に帰属する当期純利益は4億4700万円で90.3％減となり、**こちらも赤字寸前の状態です。両社ともに男性用スーツの専門店を事業の柱に据えていますが、その需要が激減している**ことが影響しています。

## 第二・第三の矢選びの結果は……

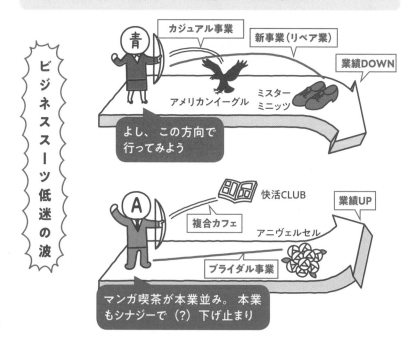

青山のメンズスーツの**販売数**は、ここ5〜6年では2014年3月期がピークで248万着ありましたが、2020年3月期には160万着に減少。**当期は新型コロナの影響がありましたが、今後の大きな需要回復も見込めません。そこで、両社にとって重要になるのが多角化**です。青山はカジュアルウェアの「アメリカンイーグル」を展開していましたが2019年12月に撤退、靴修理サービスの「ミスターミニット」は53億6600万円の減損損失を計上して創業以来初の赤字になるなど、いずれもあまりうまくいっていません。これに対してAOKIは、ブライダル事業「アニヴェルセル」（売上222億7000万円、営業利益4億3900万円）や、複合カフェ「快活CLUB」などの**エンターテイメント事業**（売上583億8800万円、営業利益26億7200万円）を展開し、軌道に乗せつつあります。

## 多角化の成否が大きな差に

アメリカンイーグル
も撤退

ミスターミニットも
赤字だ

アパレル展開の
立地情報を活用

マンガ喫茶で
経営黒字に

のれんを減損

☑ 洋服の青山

（百万円）

| | 売上 | セグメント利益 |
|---|---|---|
| ビジネスウェア事業 | 153,301 | 314 |
| カジュアル事業 | 10,786 | ▲ 2,340 |
| カード事業 | 5,279 | 2,245 |
| 印刷・メディア事業 | 12,416 | ▲ 43 |
| 雑貨販売事業 | 15,627 | 586 |
| 総合リペアサービス事業 | 12,188 | ▲ 476 |
| その他 | 12,009 | 457 |
| 調整額 | ▲ 3,912 | 75 |
| 合計 | 217,696 | 818 |

☑ AOKI

（百万円）

| | 売上 | セグメント利益 |
|---|---|---|
| ファッション事業 | 98,352 | 2,886 |
| ブライダル事業 | 22,270 | 439 |
| エンターテイメント事業 | 58,388 | 2,672 |
| 不動産賃貸事業 | 3,624 | 668 |
| 調整額 | ▲ 2,415 | ▲ 17 |
| 合計 | 180,220 | 6,649 |

（両表とも2020年3月期、
両社の決算短信より）

column
6

# 企業が決算書を 修正申告するケースとは?

　すでに発表済みの決算書の中で、間違いが見つかる場合があります。こうしたときには、決算書を修正する必要があります。

　過去の年度の決算書の誤りをこれから提出する当期の決算書の中で修正して調整することは、企業会計基準（財務諸表を作成する上でのルール。民間組織である企業会計基準委員会が制定している）では原則として認められていませんが、いくつかのケースでは決算修正を行うことが可能です。例えば、金額が低く重要性が高くないケースや、中小企業であれば、当期での決算書の修正は容認されています。

前期の決算書に
ミスが見つかった場合、
当期の決算書で
修正できるケースもあります。

決算修正の方法は、大きく分けると２つあります。1つ目は、「過年度の損益計算書に影響を与えない」というものです。例えば、勘定科目（収益と費用を記録する上での分類項目の名称のこと）の間違いであれば、当期の決算書で正しい勘定科目に修正すればよいでしょう。こうした修正は、過年度の損益計算書に影響を与えません。

　２つ目の修正は、「過年度の損益計算書に影響を与える」ものです。例えば、売上高において計上すべき取引の利益が計上されていなかったとします。こうした計上漏れは、利益剰余金の当期首残高を修正する、または当年度の損益計算書で修正します。この際、当期の株主資本等変動計算書の利益剰余金の当期首残高と、前期の決算書の期末残高の金額が同額になるようにします。

　損益計算書に影響を与える修正では、支払うべきだった過年度の税金の金額が変わることがあります。追加で税金を支払う場合は修正申告、反対に税金を収めすぎていた場合には更正の請求を行います。

　収めるべき税金を払っていなかった場合、ペナルティとして延滞税を支払わなければいけません。税務署から指摘された場合は過少申告課税も負うこととなります。

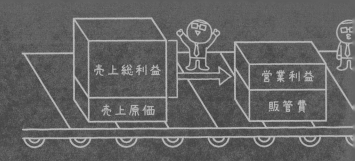

売上総利益
売上原価
営業利益
販管費

# Chapter

# 7

kessansyo
mirudake notes

# 赤字企業の「失敗の原因」を分析してみよう

IoT

なんで失敗という結果に
なったんだろう?

どんなに経営努力をしても、市場環境の変化や売上の落ち込みにより
赤字決算になることはあります。でも、決算書を読めば、赤字の原
因は見えてきます。さまざまな業種の赤字企業の失敗の原因を分析す
ることは、自社のリスクヘッジにもつながります。

# 史上最大1.4兆円の赤字！ ソフトバンクグループ

国内企業で過去最大規模の赤字に転落したソフトバンクグループ（SBG）。業績の足を引っ張ったのは、投資による営業損失でした。

2020年3月期の売上は前期を1.5％上回ったものの、営業損失が1兆3646億円、最終損益も9615億円のマイナスとなり、過去最大の赤字を記録したソフトバンクグループ。同社の営業利益は主にソフトバンクとソフトバンク・ビジョン・ファンド（決算時における投資対象は88社）によるもので、**ソフトバンク事業単体では9233億円の営業利益を出していますが、ソフトバンク・ビジョン・ファンドが1兆9313億円の損失を発生させました**。これが大きな赤字に転落した要因です。

## マイナスも企業価値に影響しないのは…

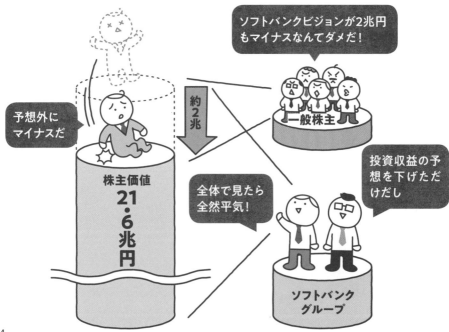

ソフトバンクビジョンファンドの赤字は、投資に対する**未実現評価損失**（未実現損失）によるもの。つまり、**含み損**を顕在化させたものといえます。損失が大きくなったのは、投資先であるコワーキングスペースなどを提供するアメリカの「We Work」の業績がよくないにもかかわらず、価値を高く見積もりすぎたことが要因です。さらに、それ以外の投資先の多くも業績が低迷し、企業価値を下げたことが影響しました。**この損失は含み損なので、実際にキャッシュアウトをしたわけではありません**。同社は時価 28.5 兆円の有価証券を保有していて、純有利子負債 6.8 兆円を差し引いても 21.6 兆円の株主価値があるので、すぐに資金繰りに行き詰まることはないでしょう。

## 赤字が多くても価値がある理由

▨ ソフトバンク・ビジョン・ファンドの投資損益（2020年3月期）

(億円)

| | |
|---|---:|
| 投資の売却による実現損益 | 583 |
| 投資の未実現評価損益 | ▲ 191,77 |
| 投資先からの利息配当収益 | 128 |
| 為替換算影響額 | 15 |
| 合計 | ▲ 18,449 |

（2020 年 3 月期事業説明会資料より作成）

左の投資損益を含めて
赤字は1兆9313億円

保有している
株の価値が
膨大だから平気

▨ 株主価値（2020年6月24日時点）

**30.0 兆円**

| その他 | 0.9兆円 |
| SVF | 2.6兆円 |
| arm | 2.6兆円 |
| TMobile | 3.6兆円 |
| Softbank | 4.1兆円 |
| Alibaba Group | 16.2兆円 |

**6.8 兆円**

（増加理由）
・自社株買い
・SVFへの投資
・資金調達コスト

**23.3 兆円**

保有株式価値　　純有利子負債　　株主価値

（2020 年 3 月期事業説明会資料より作成）

保有株に対して
純有利子負債は
14%程度

# 02 「LINE Pay」の先行投資で赤字が膨らんだ LINE

多くの日本人が使用しているアプリ、LINE。本事業は好調ですが、
キャッシュレス決済事業の導入で、大幅な赤字へと転落しました。

LINE の 2019 年 12 月期の売上収益は 2275 億円で前期から 9.8％増えたものの、営業利益が 390 億円の赤字となり、純利益が 469 億円の最終赤字でした。**新たなキャッシュレス決済事業として導入した LINE Pay のプロモーション費用が増大化したのが大きな原因です**。これは、2019 ～ 20 年にかけて国が行ったキャッシュレス決済促進キャンペーンなどによって、企業間の競争が激化し、強力なキャンペーンを展開した PayPay に LINE Pay が対抗した結果です。

## 戦略事業の宣伝費で赤字に

LINE のアカウントでマンガや音楽が楽しめるよ！

キャッシュレス決済

LINE Pay を使いましょう！

**コア事業**

LINE アカウントをベースにした LINE マンガや LINE MUSIC などは好調で、売上を伸ばしている。

**戦略事業**

LINE Pay のキャッシュレス決済を拡大するために、還元キャンペーンを実施したが、業績をそれほど伸ばせなかった。

おもしろそう！

アプリをインストールしよう

マンガが読める！

あまり使わないな…

キャンペーンの原資となるマーケティング費用は 330 億 2200 万円で、前期の 203 億 1100 万円を大きく上回り、これが営業赤字につながりました。一方、**コア事業**のうち、コミュニケーション事業とコンテンツ事業は横ばいでしたが広告事業が好調で、これら全体の売上高は 1967 億円で営業利益は 316 億円になりました。戦略事業である Fintech・AI・e コマース事業などの売上は 38 億円ありましたが、営業損失が 666 億円に及び、赤字幅が増大する傾向に歯止めがかかっていません。今後が期待されている LINE Pay ですが、四半期ごとに見ると第 3 四半期以降のプロモーション費用は抑制気味です。**SNS の LINE とは親和性が高いのですが、同グループ内企業が運営する PayPay との関係性もあり、今後の動きが注目されています。**

## 増収でも売上利益がガクッと減収

### 📝 損益計算書

(百万円)

| | 2018 年 12 月期 | 2019 年 12 月期 |
|---|---|---|
| 売上収益 | 207,182 | 227,485 |
| 営業費用 | ▲ 219,171 | ▲ 269,693 |
| マーケティング費用 | ▲ 20,311 | ▲ 33,022 |
| 営業利益 | 16,110 | ▲ 38,997 |
| 継続事業に係る税引前利益（▲損失） | 3,354 | ▲ 51,616 |

売上収益は上がっているけど、営業利益は下がっているね。営業費用のマーケティング費用は LINE Payなどのプロモーション費用で127億円も増加しているのが特徴だね

戦略事業の営業利益がガクッと下がっているね。

### 📝 コア事業と戦略事業の売上・営業利益の推移

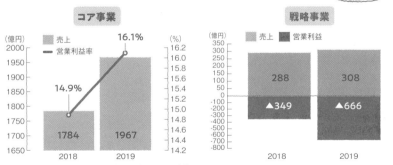

**コア事業**

売上　営業利益率

14.9%　16.1%

1784　1967

2018　2019

**戦略事業**

売上　営業利益

288　308

▲349　▲666

2018　2019

（両表とも 2019 年 2 月期決算短信より作成）

# 03 積極的な投資事業での損失が響く楽天

8年ぶりの赤字となった楽天。「楽天モバイル」の携帯電話事業や、対アマゾン戦略の物流システム整備による先行投資が主な原因です。

楽天の2019年12月期の売上収益は1兆2639億円（前期比14.7％増）、営業利益は727億円（57.3％減）、最終損益が319億円の赤字となりました。赤字要因の1つは特別損失で、同社が投資するLyft社(米国のライドシェアを行う会社)の減損損失1028億7300万円などにより、1119億1800万円が計上されたことによります。さらに、**携帯電話事業への参入・自社物流システム整備などを推進した結果、営業費用が売上を上回って約2割増加していることが営業利益を押し下げ、赤字転落を後押しした**といえます。

## 赤字の原因は膨大な先行投資

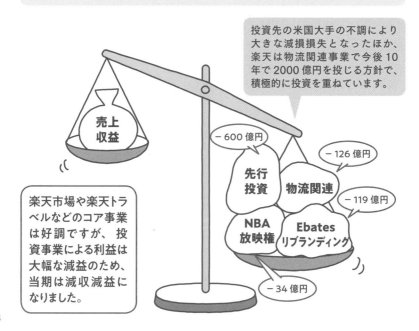

投資先の米国大手の不調により大きな減損損失となったほか、楽天は物流関連事業で今後10年で2000億円を投じる方針で、積極的に投資を重ねています。

売上収益

－600億円
先行投資

－126億円
物流関連

－119億円
Ebates
リブランディング

NBA
放映権

－34億円

楽天市場や楽天トラベルなどのコア事業は好調ですが、投資事業による利益は大幅な減益のため、当期は減収減益になりました。

携帯電話事業がまだ軌道に乗らないこともありますが、インターネットショッピング**モール**の送料に関する新たなルールで、出店者との調整に手間取ったこともユーザーの印象によくない影響を与えました。**自社物流システムの整備を含めて、アマゾンの脅威に対抗しようとしていると見られ、自社物流に関する投資では2000億円を投じる予定です**。同社はインターネットショッピングモールのほか、旅行代理業・保険・銀行・クレジットカード・証券などさまざまな分野に進出することで、**同社の経済圏へのユーザーの囲い込み戦略をとっており、それが一定の効果を上げている**といってよいでしょう。今後、携帯電話事業が軌道に乗って通信端末の普及に成功すれば、これらの事業との相乗効果が期待できるようになるでしょう。

## 先行投資事業の損益に注目

### 損益計算書 （百万円）

| | 2018年12月期 | 2019年12月期 |
|---|---|---|
| 売上収益 | 1,101,480 | 1,263,932 |
| 営業利益（IFRS） | 170,425 | 72,745 |
| 税引前当期利益（▲損失） | 165,423 | ▲ 44,558 |
| 当期包括利益 | 124,452 | ▲ 42,818 |

（2019年12月期決算短信より）

売上収益は1624億円増え過去最高に。一方で営業利益は976億円も減っているのがわかるね

事業ごとに見てみると先行投資型事業が著しく減益、つまり投資を増やしているのがわかるね。そのため連結営業利益が57.3%も減りました

### セグメント別売上収益と営業利益（2019年度12月期）

| | 売上収益 | | 営業利益 | |
|---|---|---|---|---|
| | （億円） | 前期比 | （億円） | 前期比 |
| インターネットサービス | 7,925 | 17.1% | 907 | ▲ 15.8% |
| フィンテック | 4,864 | 14.6% | 693 | 2.1% |
| モバイル | 1,198 | 33.3% | ▲ 601 | ▲ 464億円 |
| 調整額 | ▲ 1,348 | ▲ 452億円 | ▲ 49 | ▲ 41億円 |
| 連結 | 12,639 | 14.7% | 727 ※ | ▲ 57.3% |

（2019年12月期事業説明会資料より）

※国際会計基準での営業利益

# 04 時計事業の低迷と減損処理で減収減益のシチズン時計

7年ぶりの最終赤字となったシチズン時計。腕時計需要の減少と、新型コロナによる販売の落ち込みにより業績が悪化しています。

時計メーカーのシチズン時計の 2020 年 3 月期の売上高は 2785 億円（前年比 13.4％減）、営業利益は 61 億円（同 72.6％減）、当期純利益は 167 億円の赤字でした。同業種のカシオ・セイコーも減収・営業減益なので、業界全体に落ち込みが見られます。**背景には「時間を見る」という時計の機能を、スマートフォンに奪われたという需要の変化**があります。一方、G-SHOCK（カシオ）やグランドセイコー（セイコー）のような嗜好性の強い商品には一定の需要がありますが、シチズンはこの分野に強くありません。

## 時代とともに需要が低下する時計

時計の完成品は主力販売ルートが実店舗であったため、新型コロナの影響で全体的に客足が落ち込み、売上の減少が避けられませんでした。また、駆動装置などの**ムーブメント販売についてもクォーツの需要が回復せず、生産稼働が低かったために営業利益の足を引っ張る結果に**。工作機械事業や**デバイス事業**においても、設備投資需要や新商品販売の低迷で振るわなかったことに加えて、期末には新型コロナの影響で総じて低調な結果に終わっています。これらのことから、今後の収益改善に相当の時間を要すると判断した同社は、**将来考えられるリスクを早めに処理するべく、時計事業関連で 167 億円、デバイス事業関連で 57 億円、その他 19 億円の計 245 億円を特別損失に計上**。同時に、事業規模の見直しを進めるとしています。

## 構造的な業界低下への対策が不振

### ◪ 損益計算書

| | 2019 3 月期 （百万円） | 前期比 増減率 （%） | 2020 3 月期 （百万円） | 前期比 増減率 （%） |
|---|---|---|---|---|
| 売上高 | 321,652 | 0.5% | 278,531 | ▲ 13.4% |
| 営業利益 | 22,411 | ▲ 10.1% | 6,136 | ▲ 72.6% |
| 経常利益 | 26,602 | ▲ 0.2% | 7,531 | ▲ 71.7% |
| 親会社に帰属する当期純利益 | 13,369 | ▲ 30.7% | ▲ 16,667 | ― |

軒並みマイナスで当期純利益もマイナスだ

### ◪ セグメント別業績（2020 年 3 月期）

| | 売上高 （億円） | 前期比 増減率 （%） | 営業利益 （億円） | 前期比 増減率 （%） |
|---|---|---|---|---|
| 時計事業 | 1,416 | ▲ 13.4% | 39 | ▲ 68.3% |
| 工作機械事業 | 585 | ▲ 18.9% | 72 | ▲ 44.5% |
| デバイス事業 | 559 | ▲ 8.0% | 9 | ▲ 63.6% |
| 電子機器事業 | 169 | ▲ 12.7% | ▲ 2 | ― |
| その他の事業 | 55 | ▲ 4.8% | 0 | ▲ 71.3% |
| 調整額 | ― | ― | ▲ 57 | ― |
| 合計 | 2,785 | ▲ 13.4% | 61 | ▲ 72.6% |

新規事業への投資も含めて全体マイナス……

（両表とも 2019 年 3 月期・2020 年 3 月期決算短信より）

# 05

# プリント需要減で
# 赤字転落したコニカミノルタ

プリンターや複写機などのオフィス製品の製造販売が主の同社も、
新型コロナによる外出規制で販売が減り、赤字に落ち込みました。

複合機など電気機器製造のコニカミノルタの2020年3月期の売上
高は9961億円（前期比6％減）、営業利益は前期比87%減の82億
円で、最終的には赤字になりました。主たる要因は、第4四半期
における新型コロナの影響により販売が低迷。これによる減収は全
社で230億に達し、営業減益は110億円にも上るとのことです。
同社では、**実質ベース**で見た場合、売上はほぼ前期並み、営業利益
は上回っていたものと判断をしています。

## 成長予測が新型コロナでマイナスに

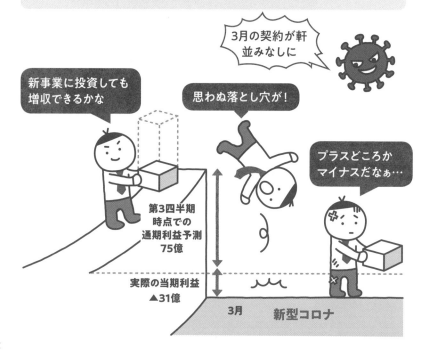

主力事業であるオフィス事業、プロフェッショナルプリント事業は新型コロナによる販売減だけでなく、テレワークなどによるオフィス需要の減少が今後の課題になると見られています。売上の前期比の下げ幅は7〜8%程度ですが営業利益は49〜69%と大きく、なかなか改善が見通せない状況といえます。ヘルスケア事業や産業用材料・機器事業も同様で、主力事業を全体的に見ても、先行きは厳しいので、できるだけ早い時期に抜本的な事業構造の改革が必要といえるでしょう。新規事業は、バイオヘルスケアなど将来性の高い分野に進出。しかし、新規事業も売上こそ前期を18%上回っているものの、営業損失は177億円の赤字を計上しているので、**早急に事業を軌道に乗せて赤字体質から脱却させる必要がありそうです。**

## ビジネス環境の変化で赤字転落

| | 売上<br>(億円) | 前期比<br>(%) | 営業利益<br>(億円) | 前期比<br>(%) |
|---|---|---|---|---|
| オフィス事業 | 5,465 | ▲ 7 | 239 | ▲ 49 |
| プロフェッショナルプリント事業 | 2,101 | ▲ 8 | 44 | ▲ 69 |
| ヘルスケア事業 | 879 | ▲ 3 | 6 | ▲ 73 |
| 産業用材料・機器事業 | 1,096 | ▲ 6 | 192 | ▲ 8 |
| 　産業用光学システム | 308 | ▲ 12 | − | − |
| 　材料・コンポーネント | 788 | ▲ 3 | − | − |
| 新規事業 | 412 | 19 | ▲ 177 | − |
| 　バイオヘルスケア | 306 | 18 | − | − |
| 　その他 | 106 | 21 | − | − |
| コーポレート他 | 8 | ▲ 30 | ▲ 222 | − |
| 全社合計 | 9961 | ▲ 6 | 82 | ▲ 87 |

（2020年3月期、決算説明会資料より作成）

3月の商機が新型コロナで奮わずマイナスになったのか

# 資源安で大幅減損 赤字転落した丸紅

**06**

5大総合商社の1つである丸紅。石油開発や穀物などいくつもの事業での損失により過去最大の赤字に転落しました。

大手商社の丸紅の2020年3月期の収益は6兆8276億円（前期比7.8％減）、営業利益は1339億円（22.6％減）、最終損益が1975億円の赤字となりました。**同社が赤字に転落するのは18年ぶりのことです。この原因は比較的はっきりとしていて、4220億円の一過性損失が発生したことによるもの。**中でも**石油・ガス開発**事業は1313億円の損失を出していますが、これは原油市場の暴落を受けて、保有する原油関連の権益を減損したことが影響しました。また、アメリカの穀物関連子会社**ガビロン**やチリの銅事業などについても減損損失を出しています。

## 多事業経営もマイナスが頻出

総合商社は総じてエネルギー事業の依存度が高かったのですが、近年はそこから脱却するべく新たな事業に進出をしています。丸紅にとってガビロンはその旗頭ともいえる存在でしたが、旱魃<ruby>旱魃<rt>かんばつ</rt></ruby>や穀物相場の値下がりで業績が悪化したため、783億円の減損損失に至りました。チリの銅事業は複数の**鉱山**に投資を行っており、日系企業としてはトップクラスの販売量を誇っています。しかし、銅市況が悪化していることに加えて、その回復が見込めない状況が続いているため、同様に603億円の減損損失を行いました。新型コロナの影響も相まって、**保有資産**が今後見込んでいるほど利益を生まないという判断をしたと考えられます。**当期に可能な限り減損損失を計上し、次期以降に大きな含み損を抱えるリスクを下げて、黒字化しようという狙いがあるのでしょう。**

## 一過性損失により18年ぶり最終赤字

### ▨ 一過性要因が純利益に及ぼした影響

（百万円）

| | 純利益 | 実態純利益 | 一過性要因 | 基礎営業キャッシュ・フロー | 株主還元後フリーキャッシュ・フロー |
|---|---|---|---|---|---|
| 2019年度 | ▲197,500 | 225,000 | ▲422,000 | 363,800 | 57,300 |
| 前年度比 | ▲428,300 | ▲31,000 | ▲397,000 | ▲9,400 | ― |

（2020年3月期）

### ▨ 減損損失の「一過性要因」

（百万円）

| | |
|---|---|
| 第4四半期の金額 | 約▲394,000 |
| 石油・ガス開発事業 | ▲131,300 |
| 米国穀物事業 | ▲98,200 |
| チリ銅事業 | ▲60,300 |
| 海外電力・インフラ関連事業 | ▲45,700 |
| 米航空機リース事業 | ▲39,200 |
| その他 | 約▲19,000 |
| 第1〜3四半期の累計金額 | 約▲29,000 |
| 計 | 約▲422,000 |

（両表とも2020年3月期IR資料より）

アメリカの石油、穀物、航空機リースなど、多くが不調

# 2期連続の巨額赤字で 不振続くレオパレス21

2018年に発覚した施工不良問題をきっかけに、入居率が低迷。さらに、新型コロナの影響でますます先行きが不透明になっています。

2018年の施工不良問題の発覚以降、業績不振が続く賃貸アパート大手のレオパレス21。2020年3月期の営業損益は364億円、当期純損失が802億円で、2期連続の赤字になりました。貸借対照表においても自己資本比率が0.7％で、**債務超過**寸前の状態であることが見て取れます。これは、**独身者向けアパートを中心とした開発事業と賃貸事業という2つの柱が施工不良問題によって低迷していることが大きな原因でしょう**。90％前後あった**入居率**が80％程度まで落ち込んでいることで、収益が一挙に悪化したと見られます。

## 再出発も苦しい状況が続く

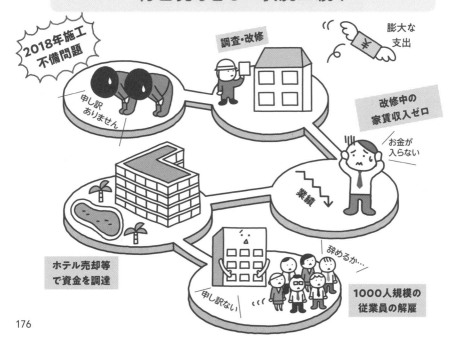

同社の施工物件は3万9085棟、うち明らかな不備が認められるものが1万3615棟で全体の1/3にも及びます。2020年5月末時点で改修に着手しているのはそのうち7071棟、完了したものは1008棟しかありません。改修する際には住民に一時退去を求めているため、改修が終わったとしても再入居しないケースもあります。つまり、当面この状況が続くため入居率の低迷に歯止めがかからなくなる可能性が高いのです。この改修は**2019年度に終了予定でしたが終わらず、新型コロナの影響でさらに延期され、特別損失が膨らむという悪循環に陥っています**。入居率が低迷したことで前期に比べて利益率は9.9%下落。営業キャッシュ・フローを見ると営業活動で現金が失われ、**資産売却**でしのいでいますが、充足できていない状況になっています。

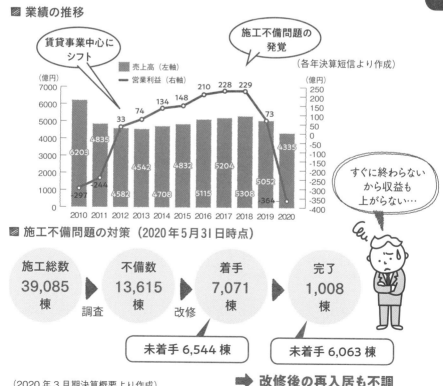

## 苦境に立たされたレオパレス

■ 業績の推移

賃貸事業中心にシフト

施工不備問題の発覚

（各年決算短信より作成）

■ 売上高（左軸）
― 営業利益（右軸）

すぐに終わらないから収益も上がらない…

■ 施工不備問題の対策（2020年5月31日時点）

施工総数 39,085棟 → 調査 → 不備数 13,615棟 → 改修 → 着手 7,071棟 → 完了 1,008棟

未着手 6,544棟

未着手 6,063棟

（2020年3月期決算概要より作成）

➡ **改修後の再入居も不調**

177

# 08

## 過去最大の赤字に陥った
## エイチ・ツー・オー リテイリング

阪急阪神百貨店を運営し、イズミヤや阪急オアシスなどのスーパー
の好調も一転、前期は売上が落ち込み、131億円の赤字でした。

阪神阪急百貨店などを傘下に持つエイチ・ツー・オー リテイリング
の2020年3月期の売上高は8973億円（前期比3.2%減）、営業利
益は112億円（同45.3%減）、当期純損益は132億円の赤字でした。
**最終赤字になっているのは、特別損失が大きかったから**です。これは、阪
急オアシスやイズミヤの過去5年以内の新店に関する固定資産、阪
急メンズ東京の固定資産、**事業モデル**を見直したイズミヤに関する減
損損失185億円と、子会社の再編13億円などによるものです。

## 鳴りもの入りの船出も一転して赤字に

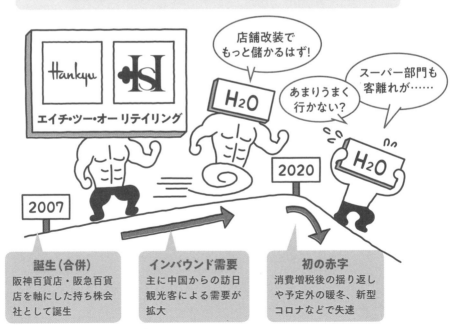

減収の理由は、**一時期インバウンド需要の増加で持ち直していた売上が旅行者の消費傾向の変化で減少に転じた**のに加えて、新型コロナが追い打ちをかけたこと。これは関西においてその傾向が強く、主力店舗が関西に集中する同社が受けた影響は少なくありませんでした。他の外的要因として**消費増税**も影響を与えています。**9月は駆け込み需要が見られましたが、増税後の10〜12月はそれを上回る落ち込み**になりました。また、冬季の利益として大きいコートなどの重衣料販売が暖冬で落ち込み、営業利益の低迷に拍車をかけたのです。総利益率が前期比で0.47％下がっていることが、それを如実に表しています。また、総合スーパーのイズミヤは衣料・住居関連が売上の7割を占めていたため、利益毀損が大きくなりました。

7

## HD化後に初の赤字決算の内容

**損益計算書**

| | 2020年3月期（百万円） | 前期比（百万円） | 前期比（％） |
|---|---|---|---|
| 売上高 | 897,289 | ▲ 29,583 | 96.8 |
| 営業利益 | 11,171 | ▲ 9,251 | 54.7 |
| 経常利益 | 11,831 | ▲ 9,545 | 55.3 |
| 特別利益 | 1,707 | 812 | 190.7 |
| 特別損失 | 22,875 | 8,654 | 160.9 |
| 当期純利益 | ▲ 13,150 | ▲ 15,312 | － |

（2020年3月期決算短信より作成）

増税、暖冬、新型コロナの影響！？

特別損失が大きいけど……

**主な特別損失の内容**

| イズミヤ事業構造改革・店舗減損 | 116億円 | → | 店舗減損69億円 早期退職割増手当33億円 |
|---|---|---|---|
| 阪急オアシス店舗減損 | 47億円 | | |
| 阪急阪神百貨店店舗減損 | 22億円 | → | コンセプトチェンジによる顧客の減少 |
| 子会社再編 | 13億円 | | |

（2020年3月期決算説明会資料より）

179

# 09 コロナショックで 3期連続最終赤字のポプラ

中国地方を中心に展開するコンビニエンスストアのポプラ。新型コロナの影響で低迷し、3億円程度の最終赤字となりました。

コンビニのポプラは、2020年2月期の営業総収入は254億円（前年同期比2.8％減）、営業損失は3.6億円、当期純損失は3億3000万円の赤字でした。コンビニ業界はセブンイレブン、ローソン、ファミリーマートの3強が圧倒的なシェアを持ち、店舗数・売上・組織力・商品力など、どれをとっても4位以下の企業に何らかの優位性が期待できる状況にはありません。ポプラは温かいご飯を提供する「ポプ弁」など、**ユーザーニーズに寄り添う商品開発・サービスを展開していますが、なかなか収益改善にはつながっていません**。

## 大手とは違う方向性の中小コンビニ

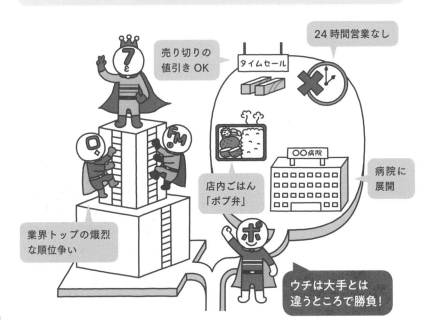

物流とシステム開発はコンビニ業界で重要な位置付けにありますが、3強と同じような巨額の投資ができず整備しきれないことが、中長期的なマイナスの大きな要因といえます。しかし、ポプラは所有する複数のブランドを使い分けて施設内立地や漁港などといった特殊な場所にも出店し、それぞれの需要ノウハウを蓄積するなど、ニッチマーケットにも力を入れているのが特徴。ただ、当期は新型コロナの影響でホテル・病院などに展開していた店舗の売上が減少し、赤字になりました。また、同社は以前から24時間営業や値下げ販売禁止を**フランチャイジー**に強制しないなど店舗運営者を尊重した施策をとっています。なお、共同出資会社の売却で特別利益を、採算が悪化した店舗の減損処理などで特別損失を、それぞれ計上しています。

## 独自路線で活路を模索中

### ☑ マイナスによる資産への影響も（2020年2月期）

| | | （百万円） |
|---|---|---|
| 売上高 | 22,201 | |
| 営業収入 | 3,169 | |
| 売上原価 | 17,446 | |
| 営業総利益 | 7,924 | |
| 販管費 | 8,285 | |
| 当期純損失 | ▲ 330 | |

純資産は
**15.9億円**

↓

**前年より5億円
DOWN**

新型コロナの
影響で純資産も
減った……

### ☑ 出店先の差別化

| | 2020年2月期 |
|---|---|
| 出店 | 50 |
| 閉店 | 52 |
| 総店舗 | 473 |

病院内22、
事務所内12含む

目の付け所は
イイよね！

（両表とも2020年2月期決算短信より）

岡山県の漁港
にも出店!?

# 原油価格の急落で赤字に コスモエネルギー HD

石油事業を主に展開しているビジネスモデルのため、原油価格が暴落したことで在庫評価損が拡大し、赤字に転落しました。

コスモ石油を傘下に持つコスモエネルギーホールディングスは、2020 年 3 月期の売上高が 2 兆 7380 億円（前期比 1.2％減）、営業利益は 139 億円（同 85.3％減）、純損益が 282 億円の赤字でした。石油製品の中でも消費量の多いガソリンですが、世界的に**自動車燃料**の需要が減少していることで原油が余剰状態にあります。これを受けて行われた **OPEC の減産調整が不調に終わり、原油価格が暴落したことで、**同社の保有する原油在庫の**棚卸資産評価損が 522 億円発生しました。**これが、赤字を計上することになった大きな要因なのです。

## 原油価格の変動による影響

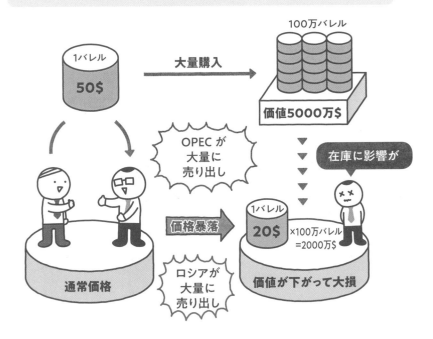

原油価格暴落の背景には、新型コロナの影響が少なくありません。巣ごもり生活によって移動が少なくなり、自動車や飛行機移動が減少して燃料需要が大幅に減少したからです。さらに、自動車の動力技術の進化や移動が減る新たな生活様式を考えると、今後ガソリンの需要が増える要素はあまりありません。また、**原油価格**も1バレルあたり50～60ドル程度までしか上がらないと思われるので、この分野の収益はあまり期待できないと考えられます。そのような中でも同社は系列外のキグナス石油に供給を開始するなど、**販路拡大に努めているほか、その他の事業として風力発電に注力**。新規風力サイトの運転開始などによりその他の事業は139億円の増益で、前期より36億円増加しています。

## 原油価格下落で赤字に転落

▨ 連結損益計算書の概要 （2020年3月期決済短信より）

| | 2020年3月期（百万円） | 前年比（%） |
|---|---|---|
| 売上高 | 27,380,03 | ▲ 1.2 |
| 営業利益 | 13,893 | ▲ 85.3 |
| 経常利益 | 16,285 | ▲ 83.2 |
| 当期純利益 | ▲ 28,155 | － |

営業利益・経常利益が激減！

▨ セグメント別の経常利益の概要　（百万円）

| | 経常利益 | 在庫影響除く経常利益 |
|---|---|---|
| 連結 | 16,285 | 68,500 |
| 石油事業 | ▲ 47,800 | 4,400 |
| 石油化学事業 | 5,200 | |
| 石油開発事業 | 45,000 | |
| その他・調整 | 13,900 | |

（2020年3月期決算プレゼンテーション資料より）

在庫の影響がなければ黒字!?

# 鉄鋼不況とコロナショックで巨額赤字の日本製鉄

鉄鋼業界は中国企業との競争激化や需要低迷により厳しい状況で、業界大手の1つ日本鉄製は過去最大の赤字となりました。

鉄鋼大手の日本製鉄は、2020年3月期の売上収益は5兆9215億円（前期比4.2％減）、事業損益は2844億円、当期損益は4315億円の大幅赤字となりました。**中国で製鉄所が増加して製品供給量が増えたことに加えて、自動車の生産台数が減少したこと、オリンピックに関連した建設需要が一巡したこと**などにより、日本の<u>粗鋼</u>生産高が1億トンを割り込む（2019年度）といったことが起きるなど、需要が大幅に落ち込んでいるという背景があります。つまり、新型コロナの影響が始まる以前から、市況が悪化していたのです。

## 鉄鋼業界の危機的状況で巨額赤字

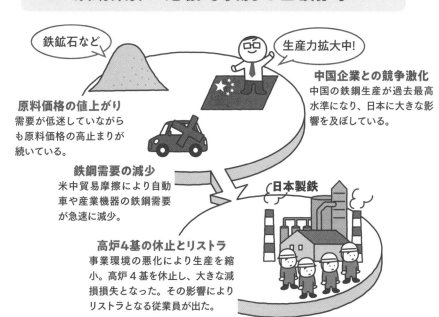

鉄鉱石など

原料価格の値上がり
需要が低迷していながらも原料価格の高止まりが続いている。

生産力拡大中!

中国企業との競争激化
中国の鉄鋼生産が過去最高水準になり、日本に大きな影響を及ぼしている。

鉄鋼需要の減少
米中貿易摩擦により自動車や産業機器の鉄鋼需要が急速に減少。

日本製鉄

高炉4基の休止とリストラ
事業環境の悪化により生産を縮小。高炉4基を休止し、大きな減損損失となった。その影響によりリストラとなる従業員が出た。

アフターコロナの新生活様式で、大きなオフィスやホテルの需要が減少し、それらの建設が少なくなることで粗鋼生産はますます落ち込むことになるでしょう。また、中国の生産能力アップで販売価格が低迷すると同時に、原材料価格（鉄鉱石・石炭）は上昇しています。結果として、同社が持つ資産の価値は下がることになり、4826億円に及ぶ**減損損失**につながったのです。そこで今後の需要減少に対応するために、生産工程の見直し・設備休止などで、2018年度実績の2割程度の減産に踏み切る予定。**鉄鋼業界は装置産業なので、固定費（製鉄所関連の減価償却）が高く変動費（原材料費）が低くなり、施設を稼働させなければ効率が悪く、大量生産・廉価販売に陥りやすい傾向**があります。こういった状況からの脱却が課題といえるでしょう。

## 減損損失の内訳を見てみよう

### 📝 損益計算書

(百万円)

| | 2019年3月期 | 2020年3月期 |
|---|---|---|
| 売上収益 | 6,177,947 | 5,921,525 |
| 売上原価 | △5,391,493 | △5,312,367 |
| 事業利益 | 336,941 | △284,417 |
| 営業利益 | 265,111 | △406,119 |
| 当期利益 | 251,169 | △431,513 |

どの項目も減益となり、最終損益は巨額の赤字になっていることがわかるね

### 📝 減損損失等及び個別開示項目

(億円)

| | 事業損益 | 個別開示 | 合計 |
|---|---|---|---|
| 鹿島 | ▲1,504 | － | ▲1,504 |
| 名古屋 | ▲1,228 | － | ▲1,228 |
| 広畑 | ▲447 | － | ▲447 |
| 日鉄日新 | － | ▲787 | ▲787 |
| その他 | ▲430 | ▲430 | ▲860 |
| 合計 | ▲3,609 | ▲1,217 | ▲4,826 |

減損損失の合計は4826億円に。主にいくつかの設備休止と事業再編により大きな赤字となっているね

（2020年3月期、両表とも2020年3月期決算短信より）

# 経営悪化に伴う
# 「減損」とは？

　企業が行った投資のお金が回収できない見込みとなった際には、会計処理として減損処理を行います。

　例えば、ある企業が土地や建物などの有形固定資産や、知的財産権などの無形固定資産に投資していたとします。その資産の市場価格が当初の期待通りに上がっていけば問題ありませんが、市場価格が下がることで、投資額が回収できなくなってしまうこともあります。こうしたケースで行うのが減損処理です。減損処理によって、固定資産の帳簿価額（会計上で記録される資産や負債の評価額のこと）を減額させることが減損処理の目的です。

投資が失敗したときには、
減損処理を行います。
ただし、減損処理には
デメリットもあります。

減損処理の具体的なやり方は、貸借対照表に計上される固定資産の帳簿価額を減額し、その減額した金額を損益計算書の特別損失に減損損失として記載します。

　「経営の赤字が続いている」「固定資産を使用した事業を廃止した」「固定資産の価値が大きく下落した」「市場の状況が著しく悪化した」といったものが、減損処理を行うタイミングとして挙げられます。

　減損処理を行うことで、「短期的に経営状態が悪化したように見える」「投資が失敗したのではないか」という風に取られて企業評価や企業価値が暴落する可能性があり、資金繰りの際に大きく影響が出てきてしまうこともあるかもしれません。また、減損処理を行った年度は、収益率が下がるケースがほとんどのため、多くの企業や投資家から資金調達をしているような場合は、株主に対して減損処理の理由や経緯をきちんと説明する必要も出てきます。

　減損処理には、結果として減価償却費が少なくなるという一面や、貸借対照表に記載される ROA（総資本比率）や ROE（自己資本利益率）が相対的に向上するという一面もあります。逆にこれらの値の変動の理由になると覚えておきましょう。

　減損損失は一般的には「特別損失」として計上され、営業利益や経常利益には影響ないもの。決算書を読むときはその点を忘れないよう注意しましょう。

# 掲載用語索引

※見開き側のページ数を記載しています。

## 主要参考文献

『会計クイズを解くだけで財務3表がわかる　世界一楽しい決算書の読み方』
大手町のランダムウォーカー（著）／KADOKAWA

『グローバル企業のビジネスモデルをつかむ　英文決算書の読みかた』
大山誠（著）／ソシム株式会社

『経営や会計のことはよくわかりませんが、儲かっている会社を教えてください！』
川口宏之（著）／ダイヤモンド社

『決算書はここだけ読もう［2020年版］』
矢島雅己（著）／弘文堂

『決算書100の基本』
高辻成彦（著）／東洋経済新報社

『ここだけ読めば決算書はわかる！』
佐々木理恵（著）／新星出版社

『これだけ　財務諸表』
小宮一慶（著）／日本経済新聞出版

『図解「ROEって何？」という人のための経営指標の教科書』
小宮一慶（著）／PHP研究所

『ストーリーでわかる財務3表超入門』
國貞克則（著）／ダイヤモンド社

『世界一やさしい決算書の教科書1年生』
小宮一慶（著）／ソーテック社

『「専門家」以外の人のための決算書＆ファイナンスの教科書』
西山茂（著）／東洋経済新報社

『ビジネス基礎体力が身につく　決算書を読む技術』
川口宏之（著）／かんき出版

『100分でわかる！　決算書「分析」超入門2020』
佐伯良隆（著）／朝日新聞出版

『GAFAの決算書　超エリート企業の利益構造とビジネスモデルがつかめる』
齋藤浩史（著）／かんき出版

『HOW FINANCE WORKS　ハーバード・ビジネス・スクール　ファイナンス講座』
ミヒル・A・デサイ（著）斎藤聖美（訳）／ダイヤモンド社

## STAFF

| | |
|---|---|
| 編集 | 柏もも子、木村伸二、土屋萌美、大野はるか（株式会社G.B.） |
| 編集協力 | 平野薫（株式会社小宮コンサルタンツ） |
| 執筆協力 | 西村秀幸、龍田昇 |
| 本文イラスト | 熊アート |
| カバーイラスト | ぷーたく |
| カバー・本文デザイン | 別府拓（Q.design） |
| DTP | ハタ・メディア工房株式会社 |

**監修 小宮一慶**（こみや かずよし）

株式会社小宮コンサルタンツ代表取締役CEO。1957年、大阪府堺市生まれ。京都大学法学部卒業。米国ダートマス大学タック経営大学院留学（MBA）、東京銀行、岡本アソシエイツ、日本福祉サービス（現セントケア）を経て独立し現職。名古屋大学客員教授。企業規模、業種を超えた「経営の原理原則」をもとに、幅広く経営コンサルティング活動を行う一方、年100回以上の講演を行う。『ビジネスマンのための「発見力」養成講座』（ディスカヴァー・トゥエンティワン）など著書は140冊を超え、現在も経済紙等に連載を抱える。近著は『どんなときでも稼ぐ社長がやっている経営習慣36』（日経BP）など。

あの企業の儲ける力がゼロからわかる！

# 決算書の読み方見るだけノート

2020年 9 月 8 日　第1刷発行
2022年12月27日　第2刷発行

監修　　　小宮一慶

発行人　　蓮見清一
発行所　　株式会社 宝島社
　　　　　〒102-8388
　　　　　東京都千代田区一番町25番地
　　　　　電話　営業：03-3234-4621
　　　　　　　　編集：03-3239-0928
　　　　　https://tkj.jp

印刷・製本　サンケイ総合印刷株式会社